ENTRE DADOS E FATOS: AÇÃO AFIRMATIVA NAS UNIVERSIDADES PÚBLICAS BRASILEIRAS

Entre dados e fatos:

AÇÃO AFIRMATIVA

NAS UNIVERSIDADES PÚBLICAS BRASILEIRAS

ORGANIZAÇÃO
ANGELA RANDOLPHO PAIVA

Textos de:
ANGELA RANDOLPHO PAIVA
ELIELMA AYRES MACHADO
FERNANDO PINHEIRO DA SILVA
JOSÉ LUÍS PETRUCCELLI
JOÃO FERES JÚNIOR
LADY CHRISTINA DE ALMEIDA
ROSANA HERINGER

EDITORA PUC RIO

PALLAS

© Editora PUC-Rio
Rua Marquês de S. Vicente, 225
Projeto Comunicar – Casa Editora/Agência
Gávea – Rio de Janeiro – RJ – CEP 22453-900
Telefax: (21) 3527-1760/1838
Site: www.puc-rio.br/editorapucrio
E-mail: edpucrio@puc-rio.br

Revisão de originais
Débora de Castro Barros

Editoração e revisão de provas
Debora Fleck

© Pallas Editora
Rua Frederico de Albuquerque, 56
Higienópolis – Rio de Janeiro – RJ – CEP 21050-840
Tel.: (21) 2270-0186
Site: www.pallaseditora.com.br
E-mail: pallas@pallaseditora.com.br

Editores
Cristina Fernandes Warth e Mariana Warth

Produção editorial
Aron Balmas, Rafaella Lemos e Silvia Rebello

Capa
Luis Saguar e Rose Araujo

Este livro foi impresso em outubro de 2010, no Armazém das Letras Gráfica e Editora, no Rio de Janeiro. O papel de miolo é o offset 75g/m2 e o de capa é o cartão 250g/m2. A fonte usada é Garamond.

(Este livro segue as novas regras do Acordo Ortográfico da Língua Portuguesa.)

ISBN Ed. PUC-Rio: 978-85-8006-014-0
ISBN Pallas: 978-85-347-0458-8

Entre dados e fatos: ação afirmativa nas universidades públicas brasileiras / organização: Angela Randolpho Paiva. – Rio de Janeiro: PUC-Rio, Pallas Ed., 2010.

184 p. : il. ; 23 cm

Inclui bibliografia

1. Discriminação na educação – Brasil. 2. Programas de ação afirmativa na educação. 2. Universidades e faculdades – Brasil - Ingresso. I. Paiva, Angela Randolpho. II. Pontifícia Universidade Católica do Rio de Janeiro.

CDD: 379.260981

SUMÁRIO

APRESENTAÇÃO

Angela Randolpho Paiva

A implantação de políticas de ação afirmativa nas universidades públicas brasileiras é hoje uma realidade social, quando 70% das universidades federais e estaduais adotaram algum tipo de ação afirmativa. Portanto, é chegado o momento em que não se trata mais de ser contra ou a favor dessas políticas, pois estão aí e vão surgindo de maneira sistemática, sob várias formas e a partir de diversas motivações, mas, sim, de analisar esse fenômeno com todas as suas implicações. Sua implantação significa um processo de grande repercussão e impacto na esfera pública brasileira: desde 2002, quando as primeiras universidades estaduais programaram políticas de cotas, até 2009, 65 universidades já passaram pelo processo de criar alternativas para que o acesso ao ensino superior não só seja mais democrático no que concerne aos estudantes da escola pública, mas também reflita a diversidade étnica da população brasileira.[1]

Em decorrência dessas novas medidas, não só tem havido um intenso debate na esfera pública acerca de sua legitimidade, mas também um grande questionamento sobre o próprio sistema educacional no que se refere ao acesso ao ensino superior, uma das instâncias mais elitistas da nossa organização social. Porque se o ensino público superior é gratuito, e em tese todos podem ter acesso, o que vem ocorrendo de maneira perversa há muitas décadas é a exclusividade de acesso àqueles que têm poder aquisitivo para pagar escolas particulares de excelência ou caros cursos de preparação para as

1. Apesar de "cotas" ser o termo mais usado para designar as políticas implementadas nas universidades e de ser a política adotada pela maior parte das universidades, ela é *uma* dentre outras modalidades de ação afirmativa, como o acréscimo de notas, de vagas ou de pontos.

provas do vestibular, especialmente para a entrada nos cursos de maior prestígio. E se acrescentarmos que houve uma "privatização" do ensino fundamental e médio, mais acentuada nas três últimas décadas, quando os setores médios da sociedade saíram do ensino público nos grandes centros urbanos, pode-se mesmo dizer que esse acesso ficou mais difícil para quem depende do sistema escolar público. Porque, com exceção de algumas escolas federais e das escolas de aplicação das universidades nos estados brasileiros, a escola pública do ensino básico tornou-se cada vez mais a "escola do pobre", como sustenta Tânia Dauster. Assim, a queda de qualidade do ensino público nas grandes cidades do país fechou um ciclo que funcionou até a década de 1960, quando a escola pública ainda atendia às crianças que viviam nos centros urbanos, então a minoria. A saída dos setores médios e a massificação do ensino público levaram a uma situação paradoxal: tornou a função republicana da escola pública – a de possibilitar a integração das novas gerações ao saber escolar para sua integração à sociedade – mais difícil de ser realizada, porquanto mais elitizada. No entanto, com a redemocratização do país ocorrida no final dos anos 1980, o acesso à educação fundamental e ao ensino superior passa a ser uma das questões sociais mais prementes, trazendo novas demandas de setores que até então não tinham canais políticos de mobilização.

Assim sendo, a discussão sobre políticas de ação afirmativa no ensino superior vem questionar um padrão educacional há muito instalado no Brasil, seja pela cultura bacharelesca, cuja origem está na própria formação social brasileira, seja pelo controle do acesso ao ensino superior pelo ensino privado. Está estritamente relacionada ao modelo de organização social que foi construído desde a origem do Estado-nação: uma organização excludente, desigual, fortemente hierarquizada, com *deficits* históricos na oferta da educação pública de massa, seja a básica, seja a superior. Se apenas na década de 1990 o acesso à educação primária tornou-se quase universal, ainda que de forma precária, pois os problemas com a evasão escolar e a escolaridade líquida fazem com que menos da metade dos jovens brasileiros cheguem ao ensino médio, o ensino superior é quase que exclusivo para aqueles que podem pagar a preparação ao seu ingresso, deixando de fora um largo contingente que, devido a uma educação pública básica com grandes falhas, não tem capacidade de competir em igualdade de condições. Nessa desigualdade produzida no país, fica hoje também evidente a falta de acesso de grupos específicos, como as populações indígenas e os negros, em especial estes últimos, que compõem quase a metade da nossa população.

E se hoje as políticas de ação afirmativa entraram definitivamente para a agenda pública do país, é preciso que se analisem seus impactos, os processos ora em curso, as novas questões que se apresentam, além de sua efetividade. O presente livro pretende contribuir para essa discussão: o que vai ser apresentado a seguir é o resultado de uma pesquisa de campo iniciada em 2006 e que teve por objetivo principal fazer o monitoramento e a avaliação das políticas de ação afirmativa pensadas pelas universidades públicas, federais e estaduais.[2] Se, ao iniciarmos a pesquisa, eram 17 universidades que haviam iniciado o processo de implantação de algum tipo de política de ação afirmativa (AA), em 2009 são 65, e serão provavelmente mais quando este livro for publicado, dada a sistemática inclusão de novas universidades a cada ano letivo que se inicia.

A grande motivação para toda a pesquisa foi acompanhar esse momento ímpar da nossa história, uma vez que essas medidas podem realmente trazer uma mudança social profunda, na medida em que o acesso ao ensino superior para alunos da rede pública, para indígenas e afro-brasileiros terá influência decisiva na formação das futuras elites do país. Fomos a campo em dez universidades de todas as regiões do Brasil para registrar: 1. o que os gestores das universidades com políticas de AA dizem acerca do processo de implementação; 2. quais as percepções dos 2.160 alunos – beneficiários ou não – de várias universidades de todas as regiões do país que responderam a um formulário sobre as novas formas de acesso às universidades públicas; e 3. o acompanhamento sistemático dos editais das universidades que vêm programando algum tipo de política de ação afirmativa desde 2002, etapa fundamental, uma vez que uma mesma universidade, por diversas razões, como será visto, pode mudar o formato da política pensada. Assim sendo, a publicação desses resultados é muito mais do que um dever acadêmico de tornar pública uma pesquisa financiada por um órgão público, a Finep. É

2. Decidiu-se trabalhar somente com as universidades públicas federais e estaduais, o que significou não levar em conta as universidades municipais, as comunitárias, nem as faculdades isoladas ou os centros universitários. Essa escolha se justificou devido à constância dos procedimentos das primeiras e para viabilizar o campo e a análise dos editais.

uma contribuição para fornecer subsídios para o redesenhamento das políticas públicas existentes ou tornar o debate acerca das políticas de ação afirmativa, por ora extremamente reduzido à questão de ser *contra* ou a *favor* da "cota", mais profícuo, porquanto mais matizado.

Não é o objetivo, portanto, trazer polêmicas nem rescindir em discussões maniqueístas, pois o que será apresentado da realidade das políticas de ação afirmativa traz consigo muita *informação*, *diversidade* e *complexidade* sobre o ensino público superior: informação, porque, diferentemente do que se pensa, a maior parte das políticas é reservada aos alunos da rede pública, embora a polêmica esteja muito restrita às "cotas para negros"; diversidade, porque cada universidade chegou a esse processo de forma diferenciada e a maioria delas de forma autônoma, pelos seus conselhos universitários; complexidade, porque a própria implementação trouxe consigo novas questões para os *campi* das universidades públicas, desde as políticas de permanência desses alunos até questões como o racismo e o preconceito, além do enorme desafio de garantir a permanência de alunos com grande potencial acadêmico, mas baixo poder aquisitivo e lacunas na sua formação.

Mas, sem dúvida alguma, hoje se vive um momento privilegiado para empreender tal pesquisa. E uma pergunta sociológica inicial que se pode fazer é *por que* é tão recente toda a discussão sobre ação afirmativa para grupos específicos nas universidades brasileiras. Afinal, o ensino superior do país sempre foi para poucos, sempre funcionou como um grande canal de controle para a reprodução da desigualdade social, e sempre os estudantes brancos foram os alunos usuais dos cursos de maior prestígio. Por outro lado, vive-se um momento de grande animação na esfera pública desde o final da década de 1980, quando se iniciou a redemocratização do país depois de um longo período de restrição dos direitos civis e políticos. Será defendido nos vários artigos que compõem este livro que a discussão em torno das políticas de ação afirmativa em geral, e a ação afirmativa no ensino superior em particular, é o resultado inexorável da reorganização da esfera pública a partir da redemocratização do país, com a Carta de 1988 e com a consolidação da democracia pelas sucessivas eleições ocorridas desde então, trazendo, assim, demandas organizadas pelos movimentos sociais em torno de questões específicas. Passa a haver, assim, um intenso debate a partir das demandas reprimidas por anos de fechamento político, o que traz para a agenda pública questões deixadas latentes por uma ordem sociopolítica conservadora e repressora.

No que tange à construção social da cidadania no Brasil, ela sempre foi marcada por ser excludente e com uma esfera pública profundamente desigual. Na análise empreendida pelos principais pensadores brasileiros, "cidadania" sempre precisou ser adjetivada para sua conceituação. Assim, o Brasil somente logrou uma cidadania "regulada" ou "passiva", construída em um "mundo relacional", onde os traços paternalistas presentes tiveram uma dupla função: não só mitigaram o padrão de desigualdade social, mas também permitiram uma mobilidade social que dependia de ações individuais.[3] E a esfera pública brasileira foi mantida para grupos específicos que tinham alta prioridade na apropriação dos recursos públicos, com uma justaposição do público pelo privado. No que concerne aos grupos subalternos, foram desenvolvidos padrões de subserviência que Sérgio Buarque de Holanda descreve como nosso *homem cordial*, aquele que cria mecanismos de servidão e "cordialidade" para garantir sua sobrevivência em uma ordem social hostil e desigual.

Na nossa história republicana, vários foram os fatores que contribuíram para a manutenção de tal ordem social, uma vez que nosso consenso foi feito de forma excludente e autoritária. Ao lado de um "*apartheid* social", como define Vera Telles, a inexistência de padrões mínimos em comum de participação e de fruição de direitos, há a atrofia da esfera pública, como bem descreve Elisa Reis, o padrão de desigualdade que foi estabelecido no nosso consenso social. Como consequência política dessa atrofia, houve momentos de autoritarismo político efetivo, nas décadas de 1930 e 1960. Mas esse padrão de desigualdade tem uma cor predominante: os "pretos" e "pardos" da classificação do IBGE detêm os piores indicadores sociais no tocante à renda, à escolaridade, ao acesso à justiça, dentre tantos outros, como já haviam assinalado Florestan Fernandes, na década de 1950, e Carlos Hasenbalg, na década de 1970.[4]

3. Ver as análises de José Murilo de Carvalho em *Os bestializados* e de Wanderley Guilherme dos Santos em *Cidadania e justiça* para se entender o papel do Estado na regulação da cidadania brasileira no processo de inclusão de grupos funcionais específicos. Roberto DaMatta, em *A casa e a rua*, explica os padrões de sociabilidade logrados no mundo hierarquizado das relações pessoais, quando uns são mais cidadãos do que outros.

4. Ver Vera da Silva Telles em *Anos 90*: política e sociedade no Brasil. São Paulo: Brasiliense, 1994, e Elisa Reis sobre desigualdade e solidariedade em *Processos e escolhas*. Rio de Janeiro:

É por isso que a redemocratização do país trouxe não só a discussão sobre a necessidade de novos arranjos políticos e legais, cujo resultado se materializou na Constituição de 1988, mas também a emergência das demandas suprimidas por 21 anos de ditadura militar. O que se presenciou na década de 1980 foi o surgimento de um forte associativismo, seja nas associações de bairro ou profissionais, seja nos movimentos sociais que vieram vocalizar demandas antigas e novas de invisibilidade e de subalternidade na construção da cidadania, seja ainda nas organizações não governamentais, que traduzem várias dessas demandas de forma sustentada. Essas três formas de associação passam a atuar com força na reivindicação de antigas e novas demandas e representam um protagonismo da sociedade civil pouco usual na esfera pública brasileira.

Será defendido aqui que elas foram mesmo fundamentais para o que se discute no momento atual acerca das políticas públicas de acesso ao ensino superior. A redemocratização da década de 1990 resultou em uma "nova cidadania", como bem analisou Evelina Dagnino. Nesse momento de radicalização da concepção do que é ser cidadão, os sujeitos sociais ativos começam a questionar o padrão de desigualdade brasileiro no que concerne à fruição dos direitos humanos e desenvolvem estratégias de luta política na transformação de um ideário formal de prescrição de direitos em direitos substantivos. E a esfera pública que se democratizou foi que permitiu o início de um novo aprendizado social, quando novas estratégias de demandas por direitos são pensadas por atores que se recusam a se manter no lugar a eles reservados na concepção excludente anterior, e que começam a sair da "periferia" da ordem social para cobrar mudanças estruturais.

Dessa forma, pode-se começar a entender o grau de controvérsia da discussão atual no que se refere à implantação de políticas de ação afirmativa no ensino superior. Afinal, a "neutralidade" estatal, amplamente defendida por quem define cidadania apenas em sua dimensão formal de igualdade, tem-se revelado "um formidável fracasso", como define Joaquim Barbosa.

Contracapa, 1998. O texto de Florestan que vai questionar o mito da harmonia racial na década de 1950 é *A integração do negro na sociedade de classes*. São Paulo: Ática, 1978. Carlos Hasenbalg vai mostrar a desigualdade estrutural dos negros na década de 1970 em *Discriminação e desigualdades raciais no Brasil*. Rio de Janeiro: Graal, 1979.

As políticas universalistas do Estado não lograram mitigar os efeitos de marginalização e subordinação de grupos específicos da sociedade, como é o caso das mulheres, dos povos indígenas e dos negros no Brasil. Assim, desde a década de 1990, tem-se falado em políticas de ação afirmativa para mulheres nos partidos políticos, para negros e mulheres nos postos de trabalho, e de populações indígenas e de negros no ensino superior. Além dessas políticas focalizadas, há a constatação de que o ensino básico do país há muito deixou de fornecer alunos para os cursos de maior prestígio das universidades públicas brasileiras.[5] Dentre as ações afirmativas nas várias instâncias em que elas hoje se encontram presentes, resultado do amplo debate da nova agenda pública trazida com a redemocratização, o foco da presente análise vai se restringir às políticas de acesso ao ensino superior, com particular ênfase à polêmica de implantação das políticas para os negros, fruto de especial controvérsia.

E para se entender por que essas políticas entraram com vigor na agenda política do país, especialmente a partir do final dos anos 1990, serão ressaltados três aspectos, dentre tantos outros, que ajudam na interpretação da animação da esfera pública trazida com a discussão que vem se desenvolvendo acerca da legitimidade ou propriedade de tais políticas. Para tanto, serão privilegiados: a) o reconhecimento, por parte do Estado, de que há racismo no país, abrindo uma via legal para ações concertadas; b) a atuação dos movimentos sociais, em especial o Movimento Negro, que desde o final da década de 1970 vem denunciando de forma sistemática o racismo existente na sociedade brasileira, e os "vestibulares comunitários", que surgem no início dos anos 1990, sem os quais os alunos provenientes de escolas públicas e de comunidades carentes não teriam condições de competir para a entrada na universidade pelo sistema do vestibular; e c) a importância da Conferência Mundial contra o Racismo, realizada em Durban, em 2001, que organizou uma agenda de demandas, com o subsequente compromisso do Estado bra-

5. Joaquim Barbosa, em *Ação afirmativa & princípio constitucional da igualdade* (Rio de Janeiro: Renovar, 2001), analisa a discriminação entre os seres humanos e adverte que as políticas de ação afirmativa trazem necessariamente acaloradas discussões, uma vez que a luta por maior igualdade se contrapõe aos interesses de outros na manutenção do *status quo*. É interessante notar que a ideia de ação afirmativa para mulheres em partidos políticos e de negros e mulheres no mercado de trabalho não produz a mesma controvérsia do que o acesso dos negros ao ensino superior.

sileiro em assegurar que as recomendações produzidas pela Conferência se traduzissem em programas específicos. Parafraseando Habermas, são fatores que confluíram para um momento propício de mudança estrutural da esfera pública.[6]

Quanto ao primeiro fator, a volta ao Estado democrático produziu um amplo debate sobre a desigualdade brasileira, sendo a educação e a desigualdade racial dois dos principais focos da nova agenda. A educação, no que concerne não apenas aos *deficits* produzidos ao longo da trajetória escolar dos estudantes das escolas públicas de ensino básico (colocados em evidência quando foram implantados os novos sistemas de avaliação, e os estudantes das escolas públicas municipais e estaduais apresentaram rendimento muito inferior ao dos estudantes das boas escolas do ensino privado), mas também à grande desigualdade de oportunidades para a admissão ao ensino superior público. E as análises produzidas pelo IPEA vão reforçar a clivagem racial no que tange ao acesso ao ensino superior.[7] São informações importantes para a produção de novos debates no que se refere ao desafio a ser enfrentado para minimizar tais padrões de desigualdade, e que certamente passaram a ser referência para os intensos debates sobre ação afirmativa nas universidades. Além do mais, o fato de o governo FHC reconhecer a existência de racismo significou uma guinada inédita por parte do Estado, que até então incentivara a ideia exatamente contrária, a do racismo cordial nas relações sociais brasileiras.

O segundo fator se refere à ação dos movimentos sociais que emergiram com força a partir da década de 1980. O primeiro deles é a ação concertada do Movimento Negro Unificado, reorganizado no final da década de 1970, que vai estabelecer na década de 1980 importantes estratégias, sendo o acesso à educação e a denúncia de racismo suas principais bandeiras. Porque,

6. Em *A transformação estrutural da esfera pública*, Habermas faz importante análise do alargamento da esfera pública burguesa: se inicialmente somente o homem branco, com renda e escolaridade, daí podia participar, desde então houve um contínuo processo de maior participação, sendo os trabalhadores e as mulheres os segmentos que efetivamente trouxeram sua democratização no século XX.

7. Interessante observar que o IPEA, órgão do governo, começou a mostrar que a desigualdade brasileira tem cor no que se refere ao acesso ao ensino superior no final da década de 1990: apenas 2% dos alunos que frequentavam as universidades públicas se autodeclaravam negros, e a escolaridade do negro seguia o mesmo padrão de desigualdade em face do aumento de escolaridade básica experimentado nessa década.

apesar de todas as diferenças de demandas dos vários movimentos negros, há dois aspectos que sobressaem nos vários coletivos que se formaram nesse período: 1. a *denúncia* do racismo que permeou as relações na sociedade brasileira e que contribuiu para resultados assimétricos de *status* social; e 2. a *recusa* em se submeter a esses padrões assimétricos e aos lugares tradicionalmente designados a eles. A educação foi compreendida como o grande direito a ser conquistado para que esses padrões começassem a ser modificados: se hoje há políticas de ação afirmativa para os "negros" ou "afrodescendentes", traduzindo a constituição de uma identidade negra difícil de ser conquistada em um país onde se reforça a ideia da mestiçagem nas relações sociais, elas traduzem reivindicações baseadas nesse processo de afirmação de nova identidade. Portanto, em vez de se dizer que está em curso um processo de racialização da sociedade brasileira, pode-se argumentar que esses novos atores estão demandando novos direitos e exercendo uma nova cidadania, resultado da ação concertada na luta contra a invisibilização, tanto de sua identidade quanto de sua participação.

O segundo movimento social traduz o que se dizia acima acerca da animação da esfera pública no que concerne ao novo ativismo da sociedade civil: a emergência dos pré-vestibulares comunitários, resultado da ação de movimentos específicos que acionaram uma intensa rede de cursos de preparação de jovens habitantes da periferia e das favelas para o vestibular nos grandes centros urbanos. Isso possibilitou que jovens que jamais poderiam sonhar com o ensino superior tivessem chances reais para a competição inicial do vestibular, passando a fazer parte de uma primeira geração de jovens provenientes dos estratos mais baixos da sociedade nos bancos universitários.[8]

O terceiro e último fator que, sem dúvida, contribuiu para o que se discute no presente livro foi a Conferência de Durban contra o Racismo, realizada em 2001, que não apenas ajudou a ação governamental em sintonia com os movimentos sociais negros, mas também demandou o compromisso governamental de que a luta contra a discriminação e o racismo fosse efetiva. Assim sendo, a ideia da ação afirmativa, qual seja, a promoção de políticas focalizadas para o combate de desigualdades estruturais, passa a ser am-

8. Os pré-vestibulares comunitários surgem com maior organização durante a década de 1990, sendo o PVNC – Pré-vestibular para Negros e Carentes – o precursor deles.

plamente discutida e entra definitivamente na pauta da agenda social. E as políticas de ação afirmativa no ensino superior passam a figurar como pauta importante nessa nova agenda pública, provocando profundas mudanças naqueles cursos de mais difícil acesso nas boas universidades públicas.

A pesquisa que apresentamos se divide em três partes sob a forma de artigos, guardando as formas de atuação do campo pesquisado. O primeiro, escrito por Elielma Machado e Fernando Pinheiro, analisa os editais de todas as universidades públicas, federais e estaduais, que passaram a adotar algum tipo de ação afirmativa. Nele, os autores mostram a variedade e complexidade das políticas pensadas pelas mais de sessenta universidades estaduais e federais. Sua análise nos permite ver não apenas o alcance dessas medidas, mas também sua contínua implementação. O segundo artigo se refere à pesquisa de campo quantitativa, quando foram aplicados 2.160 formulários aos estudantes de dez universidades federais e estaduais nas cinco regiões do país, com o objetivo não só de auscultar a percepção da ação afirmativa entre os próprios estudantes, beneficiários ou não das políticas, e a sociabilidade do *campus*, mas também de fazer um quadro das condições socioeconômicas dos alunos pesquisados. O terceiro artigo compreende a pesquisa qualitativa, quando foram ouvidos gestores de universidades das cinco regiões do País onde há algum tipo de política, e que expõem as situações complexas que se apresentam e descrevem o processo dos conselhos universitários para se chegar a um consenso em torno das políticas adotadas.

Os resultados parciais da pesquisa "Acompanhamento e monitoramento das políticas de ação afirmativa no Brasil", financiada pela Finep, já foram apresentados em forma de seminário aberto, realizado em outubro de 2008, quando quatro debatedores – João Feres Júnior, do Iuperj, José Luis Petruccelli, do IBGE, Moema de Poli, do IBGE, e Rosana Heringer, da Actionaid – comentaram os dados coletados. Foi um encontro de intensos debates e, como consequência desse envolvimento e integração, três deles participam desta publicação com artigos que acrescentam importantes argumentos à temática apresentada na pesquisa.

Rosana Heringer faz a análise dos programas que surgiram desde 2002, tanto nas universidades públicas com os diversos tipos de ação afirmativa quanto nas instituições privadas com o ProUni. Sua preocupação é com o alcance e a institucionalização desses programas no que concerne à sua sustentabilidade ao longo do tempo. A autora mostra o processo contínuo de inclusão no ensino superior, tanto nas universidades públicas quanto nas privadas, e nos convida a refletir sobre o problema da permanência dos estudantes pobres na universidade, além de nos alertar para a questão da qualidade do ensino de algumas instituições privadas.

José Luis Petruccelli traz uma importante discussão sobre a classificação de cor, que nos ajuda a desfazer parte do argumento que prevalece acerca da dificuldade de alter e autodeclaração de cor no Brasil. Resultado de sua trajetória profissional no IBGE, o autor faz um percurso histórico da classificação de cor dos brasileiros desde o primeiro censo de 1872, para analisar a função da classificação, mostrando como ela leva a consensos produzidos na sociedade. E analisando os dados das taxas de escolaridade do país, José Luis mostra quão longe ainda estamos de uma igualdade mínima entre os "pretos e pardos" do IBGE e o branco no que se refere ao acesso ao ensino superior.

Já João Feres Júnior traz um exercício importante e extenso sobre os argumentos contrários às cotas e aponta vários caminhos para futuras análises. A partir de uma pesquisa minuciosa de um livro recente com 46 artigos contrários às cotas, o autor levanta 21 argumentos principais para problematizar os 12 mais frequentes. Ao analisar cada um deles, o autor traz uma importante discussão conceitual de cada argumento, ao mesmo tempo em que aponta as possíveis linhas de investigação que cada um dos argumentos suscita.

Espera-se que esta publicação traga aporte para os debates em curso e que se consiga avançar na discussão em torno dos impactos ocasionados pelas políticas de ação afirmativa, desde aquelas políticas mais conservadoras, e que na realidade não produzem grandes mudanças na configuração do alunado, até aquelas que provocam profundas transformações nos cursos e na sociabilidade universitária. Será visto que a ação afirmativa coloca em pauta uma série de questões, de que se falava inicialmente, acerca do controle de acesso ao ensino superior. Pois quaisquer que sejam as políticas pensadas, elas vieram para questionar o sistema público de ensino, precário na sua base e elitizado no ensino superior; vieram, ainda, trazer a discussão sobre a desigualdade racial nas universidades públicas; e vieram também levantar questões novas que se apresentam, como o preconceito e o racismo, quando se começa a mudar a cor e a classe dos estudantes universitários do país. E talvez tragam efetivamente mudanças para a missão republicana da universidade pública, não só a de ampliar a concepção do mérito para aqueles grupos antes alijados apenas por sua condição econômica, mas também para uma maior representação dos negros brasileiros para sua efetiva inclusão na esfera pública. Espera-se com este registro agregar mais dados para o momento muito rico em que vivemos, quando a própria universidade repensa sua função a partir da sua prática acadêmica.

AÇÕES AFIRMATIVAS NAS UNIVERSIDADES PÚBLICAS: O QUE DIZEM OS EDITAIS E MANUAIS

Elielma Ayres Machado e *Fernando Pinheiro da Silva*[1]

Introdução

Desde a divulgação, em 2002, dos primeiros editais e manuais para os programas de ação afirmativa nas 94 universidades públicas brasileiras, tem sido intenso esse fluxo de informação. Afinal, as universidades pensam em políticas que podem ser mudadas ou aprimoradas no ano seguinte. O presente artigo visa a apresentar esses editais e manuais para candidatos ao vestibular dos últimos anos de universidades públicas que têm algum tipo de ação afirmativa. Dispomos de um acervo com oito leis estaduais, 254 editais e manuais, além de 800 artigos, recortes de jornal, revistas e periódicos que foram coletados durante a primeira fase da pesquisa, intitulada "Acompanhamento e monitoramento das políticas de ação afirmativa nas universidades brasileiras". A pesquisa foi desenvolvida nos últimos trinta meses, no Núcleo Interdisciplinar de Reflexão e Memória Afrodescendente (Nirema).

Este artigo tem dois objetivos principais: a) apresentar um panorama geral das políticas de ação afirmativa para acesso às universidades estaduais e federais do Brasil, desde a implantação das políticas em 2002 até 2009; e b) discutir como são elaborados os mecanismos de aferição dos beneficiados pelas políticas de ação afirmativa.[2]

1. Elielma Machado é professora da UERJ e pesquisadora do Nirema – Núcleo Interdisciplinar de Reflexão e Memória Afrodescendente. Fernando Pinheiro é pesquisador do Nirema e professor de História.

2. A pesquisa contou com financiamento da Finep/CNPq por 24 meses, de 2006 a 2008.

Pretendemos, a seguir, descrever e analisar quais medidas vêm sendo tomadas pelas universidades públicas brasileiras federais e estaduais que têm implementado políticas de ação afirmativa. O procedimento inicialmente adotado consistiu no levantamento e na leitura dos editais e manuais das universidades brasileiras divididas por regiões: sul, sudeste, norte, nordeste e centro-oeste. Para organizar as informações e os dados coletados, foi elaborado um roteiro para auxiliar a catalogação das informações, como também para possibilitar o cruzamento de dados e comparações entre as universidades.[3] Assim, a partir da leitura do material, foi possível identificar: a) os tipos de ação afirmativa; b) o público-alvo atendido pelas políticas; c) as modalidades de acesso diferenciado; e d) outras informações sobre as políticas de ação afirmativa.

O acesso a esses documentos foi feito inicialmente pelas páginas *web* e *sites* das universidades pesquisadas. O procedimento seguinte consistiu no envio de mensagens eletrônicas endereçadas às comissões de vestibular, como também contatos telefônicos para conversas com os responsáveis pelas comissões e conselhos universitários.

A partir desses procedimentos adotados, foi possível ter acesso às atas de reuniões quando foram instituídos os programas de políticas de ação afirmativa. Também tivemos acesso a documentos diversos, disponibilizados por gestores, professores e funcionários das universidades visitadas, que continham informações sobre as leis, projetos e programas nelas instituídos.

Ações afirmativas no Brasil: algumas notas[4]

Diante dos dados coletados, torna-se necessário recorrer a autores contemporâneos e textos específicos sobre a temática tratada. Nesse sentido, Graziella Moraes Silva (2006), ao discutir ações afirmativas no contexto bra-

---

Em agosto de 2009, a equipe era formada por Angela Randolpho Paiva, coordenadora-geral, Elielma Ayres Machado, coordenadora de campo, e os assistentes de pesquisa Lady Christina de Almeida, Fernando Pinheiro e Tahis Dias Martins.

3. A pesquisa acompanha somente as universidades estaduais e federais devido ao maior acesso aos editais e ao grande volume de dados.

4. Muitas vezes se confunde ação afirmativa com cotas e estas como se favorecessem somente a população negra. Além disso, muitas vezes, nos meios de comunicação, surgem artigos insinuando que as políticas de ação afirmativa são implementadas somente a partir de leis, e não por decisões internas das universidades.

sileiro e da África do Sul, constata que nos dois casos há uma "disputa de enquadramento" no que se refere a como essas políticas estão sendo constituídas e implementadas. Para a autora, as políticas de ação afirmativa apresentam características próprias, a considerar a diversificação de programas, projetos e leis que recebem a denominação "ação afirmativa". Para Silva (2006:133-134), diante da complexidade atual, torna-se necessário construir "quadros interpretativos" que não devem ser vistos como pressupostos normativos que determinam o formato e as metas dessas políticas. A autora afirma que as categorias utilizadas para a definição de políticas podem ser classificadas como "organizadores do pensamento", já que muitas vezes os defensores e opositores à adoção de ações afirmativas recorrem aos mesmos argumentos.

Nessa perspectiva, as ações afirmativas têm sido implantadas em países tão distintos quanto distantes, mas que caminham para o que a autora denominou "convergência mundial", no que se refere à expansão de políticas de ação afirmativa, apesar dos embates e disputas decorrentes das transformações ocorridas no campo do Direito (Silva, 2006:134).

Os objetivos da autora foram: 1. analisar as diferenças de acesso ao vestibular nos dois países; 2. fazer um levantamento da literatura sobre a implementação de cada pesquisa; 3. visitar universidades no Brasil e na África do Sul para entrevistar professores e funcionários do governo federal. Concluindo: "o quadro de diversidade promoveu a questão das identidades negras no Brasil, enquanto os quadros da inclusão social e do capital humano transformaram a perspectiva da reparação na África do Sul" (Silva, 2006:161).

Segue o quadro com tipos e comparações das ações afirmativas:

	Diversidade	Capital humano	Reparação	Inclusão social
Justificativa	Estudantes de origens diferentes devem ser incluídos: multiculturalismo	Necessidade de identificar talentos não aproveitados por deficiência do mercado (*market failure*)	Grupos étnicos discriminados historicamente devem ser compensados	Grupos desfavorecidos no presente devem receber tratamento especial
Metas formais	Melhora das relações raciais e quebra de estereótipos raciais	Crescimento e desenvolvimento econômico	Compensação e inclusão social	Criação de oportunidade para mobilidade e inclusão social

Fonte: Silva, 2006:161.

Outra forma importante para a compreensão das políticas de ação afirmativa é vê-las como parte das políticas públicas do Estado, por serem compensações ou proteção para partes específicas da população. A aparente contradição está no questionamento: se nossa sociedade se pauta pelo igualitarismo, por que deveria criar programas políticos que favorecem determinados grupos?

João Feres, autor que tem se dedicado ao tema da ação afirmativa na última década, ajuda a marcar esse debate, quando afirma em artigo recente:

> Em suma, temos a quebra da estrutura hierárquica rígida da sociedade europeia feudal, onde a pertença à ordem estamental determinava os direitos e deveres de cada pessoa, e sua substituição por uma ordem onde todos os cidadãos têm um direito igual a um conjunto de prerrogativas e proteções legais. Do ponto de vista moral, isso significou a mudança de uma situação onde o valor diferenciado de cada um era dado por sua posição familiar e estamental, para uma situação onde todos são dignos de uma "quantidade" igual de respeito por parte dos seus concidadãos (Feres, 2004:294-295).

A leitura desse processo político é a base das democracias liberais. A partir daí, o autor aponta os seguintes valores básicos nesse projeto político: a igualdade e o mérito. Mas, como ele ressalta, "é a igualdade que atua como ideia reguladora do mérito, e não vice-versa" (Feres, 2004:296). Segundo Feres, o Estado de bem-estar social teria surgido dentro dessa premissa. Por isso, é possível e desejoso que o Estado subtraia parte da riqueza do mercado, por meio de impostos e taxas, para que garantias materiais sejam asseguradas para os que não têm, por seus próprios meios, condição de gozar a igualdade formalmente escrita na legislação.

A ação afirmativa, nessa perspectiva, ajudaria a impulsionar a igualdade na sociedade e dentro das instituições do Estado, já que geraria uma relativização do mérito ao inserir grupos antes discriminados em alguns espaços socialmente valorizados. Portanto, é possível também enquadrá-la como política do Estado de bem-estar social.

Será defendido, aqui, que a legislação formal que criminaliza a "discriminação negativa" não seria suficiente para garantir igualdade e medidas de "discriminação positiva", pois somente estas últimas aumentam as chances de segmentos de indivíduos historicamente discriminados. Nesse caso, o objetivo é aumentar as chances desses indivíduos de gozar plenamente dos benefícios da vida em sociedade.

No que se refere à ordem jurídica, Joaquim Barbosa Gomes dá uma excelente contribuição:

> Em lugar da concepção "estática" da igualdade, extraída das revoluções francesa e americana, cuida-se, nos dias atuais, de se consolidar a ação da igualdade material ou substancial, que, longe de se apegar ao formalismo e à abstração da concepção igualitária do pensamento liberal oitocentista, recomenda, inversamente, uma noção "dinâmica", "militante" de igualdade, na qual necessariamente são devidamente pesadas e avaliadas as desigualdades concretas existentes na sociedade [...]. Produto do Estado social de direito, a igualdade substancial ou material propugna redobrada atenção por parte do legislador e dos aplicadores do direito à variedade das situações individuais e de grupo (Gomes, 2005:47).

Para Gomes, a constatação desse processo deve ser seguida de uma mudança de atitude:

> Na transição da ultrapassada noção de igualdade "estática" ou "formal" ao novo conceito de igualdade "substancial", surge a ideia de "igualdade de oportunidade", noção justificadora de diversos experimentos constitucionais pautados na necessidade de se extinguir ou de pelo menos mitigar o peso das desigualdades econômicas e sociais e, consequentemente, de promover a justiça social (Gomes, 2005:47-48).

Essas análises foram feitas tendo como fontes de pesquisas obras acadêmicas, acórdãos e decisões de Cortes Supremas de diversos países. A partir disso, Gomes constatou que atualmente só duas posturas são possíveis por parte do Estado: manter-se firme na posição de neutralidade ou atuar ativamente. Portanto, além da criação de legislações antidiscriminatórias, é necessário criar políticas de ação afirmativa. Enquanto as legislações têm o caráter proibitivo e atuam com intervenções *post facto*, as políticas de ação afirmativa têm o caráter multifacetado e visam a evitar a ocorrência da discriminação.

Gomes assume posição favorável às políticas de ação afirmativa, afirmando que "não basta proibir, é preciso promover" (Gomes, 2005:55-56).

A partir disso, o autor lista objetivos que seriam alcançados com uma atitude proativa do Estado:

• indução de transformações de ordem cultural, pedagógica e psicológica, aptas a subtrair do imaginário coletivo a ideia de supremacia e de subordinação de uma "raça" em relação a outra, do homem em relação à mulher;

• eliminação dos efeitos persistentes de caráter psicológico, cultural e comportamental da discriminação do passado que tendem a se perpetuar;

• implantação da diversidade e maior representatividade de grupos historicamente discriminados, nos mais diversos domínios de atividade pública e privada;

• criação de "personalidades emblemáticas", ou seja, exemplos de mobilidade ascendente que incentivariam a educação e o aprimoramento de jovens integrantes de grupos historicamente discriminados.

A partir do levantamento bibliográfico e com base nas informações coletadas, prosseguimos com a descrição e análise, que serão apresentadas a seguir.

Implantação das políticas de ação afirmativa nas universidades públicas

Os processos de implantação de ação afirmativa de acesso nas universidades públicas federais e estaduais são complexos e dinâmicos e têm sido engendrados por múltiplos atores sociais, pois tanto há agentes internos às universidades, tais como professores, alunos e funcionários, quanto agentes externos, como ativistas de cursos de pré-vestibular comunitários ou ONGs, movimento negro ou estudantil, além de parlamentares estaduais e federais.

A considerar os atores envolvidos, as ações em curso pressupõem tensões igualmente complexas. Um dos indicadores dessa afirmação é que, ao analisarmos os editais, é possível afirmar que há poucos programas de ação afirmativa idênticos em duas universidades.[5]

5. Será visto mais adiante que das 64 universidades com AA somente 13 têm editais idênticos. São elas: UERJ e UENF; UEMG e Unimontes; Unicentro, Unespar e UENP; UFRPE e UFPE; UFSM e Unipampa; UFBA e UFRB. As diferenças entre os editais são quanto aos objetivos, aos públicos-alvo, à metodologia de execução, sobre o tempo de existência e as formas de aferição dos beneficiados.

Considerando o exposto anteriormente, André Vieira afirmou que a implantação de políticas de ação afirmativa, como uma estratégia política no Brasil, teve início nas ações da sociedade civil, ao contrário de outros países, onde o Estado foi o precursor (Vieira, 2005:89-92).[6] O autor utiliza as categorias de políticas de ação afirmativa e iniciativas de ação afirmativa, sendo as primeiras implementadas recentemente pelo Estado brasileiro e as políticas de segundo tipo aquelas que têm sido promovidas há mais tempo pela sociedade civil, principalmente por ativistas de movimentos sociais.

Apesar de ainda haver poucas referências sobre o tema, tal tendência também está presente nas leis estaduais e resoluções internas das universidades, que estimularam a formulação de projetos e, consequentemente, o debate em diferentes instâncias: municipal, estadual, regional, nacional e internacionalmente.

Com o fim do *apartheid* na África do Sul, as atenções se voltaram para o que seriam outras formas de racismo. Em parte, a Conferência da ONU contra o Racismo, a Xenofobia e a Intolerância Correlata tinha por objetivo discutir planos contra a discriminação racial. Depois de nove dias de discussões acirradas e impasses, foi aprovado um plano global contra a discriminação racial, que classificou "o tráfico de escravos como crime contra a humanidade". A desculpa formal, que foi solicitada por países africanos e ONGs, que poderia dar origem a pedidos de reparação pecuniária, não houve. Em seu lugar, as nações europeias concordaram que os Estados têm a "obrigação moral" de deter e ajudar a reverter as consequências causadas pela escravidão, pelo *apartheid* e pelo genocídio. Nesse contexto, o Brasil e outros países emergentes se tornaram o centro do debate. Como consequência imediata, na cidade de Durban, onde foi realizada a conferência, havia em torno de 400 representantes de ONGs do Brasil.

6. A autora cita os Estados Unidos e a África do Sul como exemplos.

TABELA 1	UNIVERSIDADES BRASILEIRAS POR REGIÃO E UNIDADES DA FEDERAÇÃO					
REGIÃO	Com ação afirmativa			Sem ação afirmativa		
SUL Com ação afirmativa – 15 (79%) Sem ação afirmativa – 4 (21%)	Rio Grande do Sul UERGS UFRGS UFSM UNIPAMPA Santa Catarina UFSC UDESC		Paraná UFPR UTFPR UEL UEPG UEM UNICENTRO UNIOESTE UENP UNESPAR	Rio Grande do Sul UFPel UFCSPA FURG	Santa Catarina FURB	
SUDESTE Com ação afirmativa – 17 (65%) Sem ação afirmativa – 9 (35%)	São Paulo UNIFESP UFABC UNICAMP USP UFSCAR	Rio de Janeiro UENF UERJ UFRRJ UFF Espírito Santo UFES	Minas Gerais UEMG UFOP UFJF UNIMONTES UFMG UFU UFSJ	Minas Gerais UFU UNIFEI UFLA UFV UFVJM UNIFAL	São Paulo UNESP Rio de Janeiro UFRJ UNIRIO	
CENTRO-OESTE Com ação afirmativa – 6 (75%) Sem ação afirmativa – 2 (25%)	Mato Grosso do Sul UEMS Distrito Federal UNB		Mato Grosso UNEMAT UFMT Goiás UEG UFG	Mato Grosso do Sul UFGD UFMS		
NORDESTE Com ação afirmativa – 21 (75%) Sem ação afirmativa – 7 (25%)	Bahia UFBA UNEB UEFS UFRB UESB Ceará UVA Sergipe UFS	Rio Grande do Norte UFRN UERN Pernambuco UFPE UPE UFRPE Paraíba UEPB	Maranhão UEMA UFMA Alagoas UFAL UNEAL UNCISAL Piauí UFPI UESPI	Rio Grande do Norte UFERSA Paraíba UFCG UFPB	Pernambuco UNIVASF Ceará UFC UECE URCA	
NORTE Com ação afirmativa – 6 (46%) Sem ação afirmativa – 7 (54%)	Amazonas UEA Pará UFPA UFRA		Tocantins UFT Roraima UFRR Amapá UEAP	Amapá UNIFAP Amazonas UFAM	Rondônia UNIR Roraima UERR	Tocantins UNITINS Pará UEPA Acre UFAC
TOTAL	65			29		

Produzido por Nirema/PUC-Rio. Fontes: Leis e editais de universidades estaduais e federais (atualizado até agosto de 2009).

Como parte da argumentação para os preparativos para a Conferência, o relatório do Instituto de Pesquisa Econômica Aplicada – IPEA, organizado pelo economista Ricardo Henriques, foi amplamente divulgado:

> IPEA afirma que racismo só será combatido com política específica – O Brasil branco é 2,5 vezes mais rico que o Brasil negro, e só políticas específicas para os negros podem dar resultado efetivo para reduzir a desigualdade racial. Esse é o resultado de estudo mostrado ontem pelo IPEA na Conferência Nacional contra o Racismo e a Intolerância. O estudo de Ricardo Henriques mostra que, historicamente, as diferenças entre negros e brancos vêm se mantendo. Na educação, um branco de 25 anos tem, em média, 2,2 anos a mais de estudo que um negro da mesma idade. "Precisamos de políticas específicas para os negros. Só políticas universais não estão resolvendo", disse o presidente do IPEA, Roberto Martins (*Folha de S. Paulo*, 8 jul. 2001).

Como pretendemos mostrar, as fontes pesquisadas têm indicado que a adoção das políticas, programas e leis tem sido implantada na maioria das Unidades da Federação (UF), com poucas exceções, como Rondônia e Acre. Ou seja, das 27 Unidades da Federação, nos dias atuais, apenas duas não possuem universidades com ação afirmativa, como pode ser observado na Tabela 1, intitulada "Universidades Brasileiras por Região e Unidades da Federação".

De um total de 94 universidades públicas (estaduais ou federais) brasileiras, 65, ou 70% do total de universidades públicas, possuem no concurso vestibular algum tipo de acesso diferenciado para os candidatos às vagas dos cursos de graduação. É o que pode ser observado na Tabela 1.

Ao agrupar as políticas de ação afirmativa adotadas por universidade, identificamos que a região com maior quantidade de universidades com ação afirmativa é a nordeste (21), seguida do sudeste (17), do sul (14) e estando empatados o norte e o centro-oeste (6). Entretanto, proporcionalmente, a região sul (79%) é a mais representativa, seguida das regiões centro-oeste e nordeste, que apresentam os mesmos percentuais (75%), do sudeste (65%) e do norte (46%). Prosseguindo com o agrupamento dos dados coletados, observamos que há algumas diferenças entre as universidades estaduais e federais, como se pode comprovar nos Gráficos 1 e 2, intitulados "Universidades Estaduais" e "Universidades Federais".

GRÁFICO 1

UNIVERSIDADES ESTADUAIS
(COM E SEM AA)

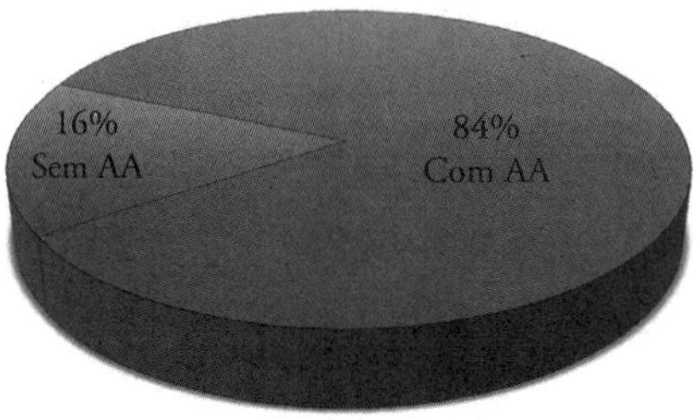

GRÁFICO 2

UNIVERSIDADES FEDERAIS
(COM E SEM AA)

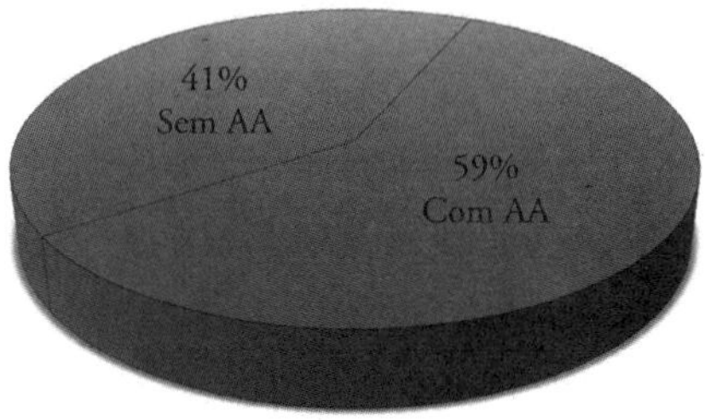

Fonte: Leis estaduais e editais dos vestibulares (agosto de 2009).

Ao encerrar a presente atualização, em agosto de 2009, percebe-se uma concentração proporcional um pouco maior de universidades estaduais com políticas de ação afirmativa (84%) do que as federais (59%), e é o que mostram as Tabelas 1 e 2. Em números absolutos, as estaduais somam 37 e as universidades federais somam 57.

Diante dos dados apresentados, em face do número de universidades no Brasil, é possível afirmar que a dinâmica da adoção de políticas de ação afirmativa nas universidades estaduais tem sido mais rapidamente assimilada do que nas universidades federais. Ainda assim, as universidades federais têm surpreendido com a velocidade com que os conselhos universitários têm aprovado políticas de ação afirmativa, independentemente da aprovação de uma lei federal, que ainda está em fase de proposição no Congresso.

Categorias utilizadas nos editais

Para a melhor compreensão dos dados, adotamos as seguintes categorias: cotas, acréscimo de vagas e acréscimo de notas, para definir os tipos de políticas de ação afirmativa.[7]

7. Há uma grande diversidade de nomenclaturas nos editais, leis e pesquisas sobre a temática que tentam definir cada programa. Não é o objetivo deste texto analisar por que o uso de um ou de outro termo, mas citaremos alguns quando for necessário.

- Cotas – são todas aquelas que têm como princípio o estabelecimento de porcentagem ou quantidade fixa no número total de vagas oferecidas;[8]

- Acréscimo de vagas – quando são criadas vagas fora do modelo tradicional de edital. Geralmente são quantidades fixas, mas podem ser feitas com porcentagens. Muitas vezes são disputadas em um processo paralelo;[9]

- Acréscimo de notas – é quando são acrescidos pontos a mais para o candidato, podendo ser pontos fixos ou porcentagem.[10]

Na década presente, o cenário dessas políticas tem se diversificado. Apesar de cotas serem o tipo mais conhecido e adotado em maior número, ainda há variações e outras categorias que merecem análise. A Tabela 2, intitulada "Universidades com Ações Afirmativas por Tipo, Início e Instituição", contém informações detalhadas sobre a complexidade do tema.[11]

8. Apesar de serem mais conhecidas como cotas, esses programas aparecem em alguns editais como "reserva de vagas" (UEMG, UFES, UFS, Uncisal, UFSJ, UFSCAR, dentre outras) ou "sistema cidadão presente" (UFSM e Unipampa).

9. Em alguns casos, essa modalidade também é chamada de cotas (Unifesp), cotas adicionais (UESB) ou vagas suplementares (UFMT, UFPR e UFSC).

10. Chamadas também de pontuação adicional (Unicamp), pontuação acrescida (USP), argumento individual de classificação (UFPE e UFRPE), bônus (UFF, UFMG e UFRRJ) e argumento de inclusão (UFRN).

11. Os anos destacados apontam o ano seguinte à decisão do programa, pois geralmente é quando se aplica o vestibular com as respectivas mudanças. Em poucos casos a execução é marcada mais adiante, como na UFS, UFU, UFSJ e UFRRJ, ou seguindo um cronograma de mudanças, como no caso da UFSCAR.

TABELA 2	UNIVERSIDADES COM AÇÕES AFIRMATIVAS POR TIPO, INÍCIO E INSTITUIÇÃO					
ANO DE IMPLEMENTAÇÃO	ESTADUAIS			FEDERAIS		
	COTA	ACRESC. DE NOTAS	ACRESC. DE VAGAS	COTA	ACRESC. DE NOTAS	ACRESC. DE VAGAS
2002			UEM* UEL* UEPG* UNICENTRO* UNIOESTE*			
2003	UERJ* UENF* UEMS* UNEB UERN*					
2004				UNB UFAL		UNB
2005	UEMG* UNIMONTES* UNEMAT UEL UEG* UEA* UVA	UNICAMP	UNEMAT	UFBA UFRB UFPR UFT	UFRN	UFBA UFRB UFPR UNIFESP
2006	UESC UEMA UPE UERGS		UESC	UFJF		
2007	UEFS UEPB UEPG	USP	UEFS	UFABC UFPA UFMA UFPI UFRA	UFRPE UFPE UNB	UFMT UFRR UFG
2008	UNEAL		UENP* UNESPAR*	UFRGS UFSCar UFSC UNIPAMPA UFSM UTFPR UFOP UFES	UFF	UFRGS UFSCar UFSC UNIPAMPA UFSM
2009	UESB UEM UNIOESTE UEAP* UESPI UNCISAL		UESB	UFG	UFMG UFAL	
2010	UDESC		UDESC	UFS UFSJ	UFRRJ	UFS
2011				UFU		
	27	2	12	24	8	14

* Ação afirmativa criada por leis estaduais.
Produzido por Nirema. Fontes: Leis e editais dos vestibulares (atualizado até agosto de 2009).

A partir da Tabela 2 é possível constatar que, entre as universidades com políticas de ação afirmativa, 17, ou 26,5%, atendem a legislações estaduais, sendo importante destacar que a adoção de tais leis ocorreu em oito estados ao longo de sete anos, a saber:

- Em 2002, no Paraná (acréscimo de vagas na UEL, UENP, UEM, UEPG, Unioeste, Unicentro e Unespar);
- Em 2003, no Rio Grande do Norte (cotas na UERN), no Rio de Janeiro (cotas na UERJ e UENF) e no Mato Grosso do Sul (cotas na UEMS);
- Em 2005, em Minas Gerais (cotas na UEMG e Unimontes), em Goiás (cota na UEG) e no Amazonas (cotas na UEA); e
- Em 2009, no Amapá (cotas na UEAP).

A maior parte das universidades com políticas de ação afirmativa, um total de 48, ou 73,46%, teve as políticas instituídas por decisão dos conselhos universitários. Esse ponto é interessante, pois muitas vezes é desconhecido pelos meios de comunicação e pelo público em geral *como* se dá a adoção de tais políticas. Ao serem aprovadas pelos conselhos, atendem e preservam o princípio que garante a autonomia universitária.

Ainda assim, até 2008, quando a Assembleia Legislativa do Estado do Amapá (Aleap) criou uma lei, haviam se passado quatro anos desde que a última lei havia sido votada no Brasil.[12] Observamos ainda que quatro universidades estaduais do Paraná, após terem adotado políticas de ação afirmativa por meio de legislação, resolveram adotar cotas por decisão interna dos conselhos universitários, como aconteceu no Estado do Rio de Janeiro.[13]

A partir dos dados apresentados na Tabela 2, torna-se importante destacar que foram as universidades estaduais que "inauguraram" as políticas de ação afirmativa, mas atualmente ocorre um "avanço" considerável na esfera

12. Apesar de a UENP e a Unespar aparecerem na tabela em 2008, elas estão cumprindo a lei de 2002. Antes de 2008 as duas instituições eram somente faculdades estaduais e não universidades.

13. São, respectivamente: a UEL, em 2005, estabelecendo cotas para negros e escola pública; a UEPG, em 2007, cotas para negros e escola pública; e a Unioeste e a UEM, cotas para escolas públicas, em 2009.

federal. Nos últimos dois anos, 72,7% das federais, ou 24, adotaram ações afirmativas, sendo dez como cotas, sete como acréscimos de vagas e cotas, dois como acréscimo de vagas e cinco como acréscimo de notas.[14] Em comparação, na esfera estadual, nos mesmos dois anos tivemos 25,8%, ou oito das trinta, sendo cinco como cotas, duas como acréscimo de vagas e cotas e uma como acréscimo de notas.[15]

A Tabela 3 e o Gráfico 3 auxiliam a visualizar a distribuição dos tipos de ação afirmativa.

<table>
<tr><td colspan="2">TABELA 3</td><td colspan="5">TIPO DE AÇÃO AFIRMATIVA E UNIVERSIDADES</td></tr>
<tr><td colspan="3">ACRÉSCIMO DE NOTAS</td><td colspan="4">COTAS</td></tr>
<tr><td colspan="3">8</td><td colspan="4">31</td></tr>
<tr><td>UFRPE</td><td colspan="2">USP</td><td>UNEB</td><td>UNIMONTES</td><td>UEA</td><td>UNCISAL</td></tr>
<tr><td>UFRN</td><td colspan="2">UFF</td><td>UFRA</td><td>UESPI</td><td>UPE</td><td>UFMA</td></tr>
<tr><td>UNICAMP</td><td colspan="2">UFRRJ</td><td>UFOP</td><td>UERN</td><td>UFT</td><td>UFSJ</td></tr>
<tr><td>UFPE</td><td colspan="2">UFMG</td><td>UFABC</td><td>UFPI</td><td>UEG</td><td>UERGS</td></tr>
<tr><td colspan="3">ACRÉSCIMO DE VAGAS</td><td>UEAP</td><td>UVA</td><td>UFJF</td><td></td></tr>
<tr><td colspan="3">6</td><td>UTFPR</td><td>UEMS</td><td>UEMG</td><td></td></tr>
<tr><td colspan="2">UNICENTRO</td><td>UFRR</td><td>UERJ</td><td>UENF</td><td>UEMA</td><td></td></tr>
<tr><td colspan="2">UFMT</td><td>UENP</td><td>UFU</td><td>UFS</td><td>UNEAL</td><td></td></tr>
<tr><td colspan="2">UNESPAR</td><td>UNIFESP</td><td>UFPA</td><td>UEPB</td><td>UFES</td><td></td></tr>
<tr><td colspan="3">ACRÉSCIMO DE VAGAS E COTAS</td><td colspan="4">ACRÉSCIMO DE NOTAS E COTAS</td></tr>
<tr><td colspan="3">18</td><td colspan="4">UFAL</td></tr>
<tr><td>UEFS</td><td>UNIPAMPA</td><td>UESB</td><td colspan="4" rowspan="2">ACRÉSCIMO DE NOTAS, VAGAS E COTAS</td></tr>
<tr><td>UFSC</td><td>UNEMAT</td><td>UDESC</td></tr>
<tr><td>UEL</td><td>UNIOESTE</td><td>UEPG</td><td colspan="4">UNB</td></tr>
<tr><td>UFPR</td><td>UFRGS</td><td>UFBA</td><td colspan="4" rowspan="3"></td></tr>
<tr><td>UFSM</td><td>UFG</td><td>UESC</td></tr>
<tr><td>UFRB</td><td>UFSCar</td><td>UEM</td></tr>
</table>

Produzido por Nirema. Fontes: Leis e editais dos vestibulares (atualizado até agosto de 2009).

14. Não se estão levando em conta a UNB e a UFAL, que adotaram as modalidades acréscimo de notas em 2007 e 2009, respectivamente, por já terem ação afirmativa desde 2004.

15. Não se estão levando em conta a UEPG (que adotou cotas em 2007) e a Unioeste e a UEL (que adotaram cotas em 2009), que já tinham ação afirmativa devido à Lei Estadual nº 14.995/2006 da ALEPR. A UENP e a Unespar se tornaram universidades em 2008 e também estão seguindo a referida lei, por isso não foram levadas em conta.

GRÁFICO 3

TIPOS DE AA

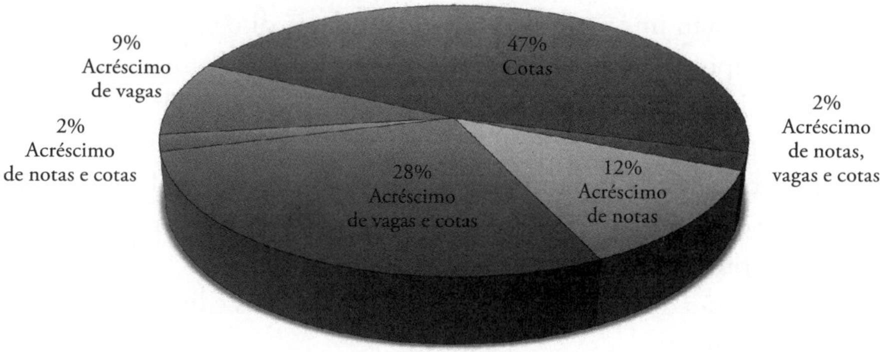

Temos 47% de universidades com ação afirmativa adotando a modalidade cotas; 28% com o acréscimo de vagas e cotas; 12%, acréscimo de notas; 9%, acréscimo de vagas; e um empate de 2% entre acréscimo de notas e cotas com acréscimo de notas, vagas e cotas.

Quanto aos beneficiados, que denominamos nas tabelas "público-alvo" por considerarmos mais descritivo e abrangente, verifica-se que as categorias adotadas são: estudantes de escola pública (EP), negros (NE), indígenas (IN), deficientes físicos (DF), baixa renda (RE), quilombolas (QU), moradores do interior do Estado (IE).[16]

Sem exceção, todos os editais lidos seguem o mesmo padrão para informar sobre o concurso vestibular:[17] 1. indicam a necessidade de pagamento da taxa de inscrição ou requerimento de isenção por parte dos candidatos; 2. descrevem as provas a serem feitas na íntegra pelos candidatos; 3. esclarecem os candidatos de que devem escolher a faculdade (curso); 4. estabelecem e publicam a relação candidato/vaga; 5. e ainda advertem que, mesmo que o candidato passe nas provas, não tem garantida a vaga na universidade, devido ao número reduzido de vagas. As diferenças são pequenas e pontuais:

16. A partir deste ponto adotaremos as siglas entre parêntesis quando nos referirmos aos públicos-alvo.

17. Estamos pensando o vestibular dividido em três momentos: a inscrição (pagamento ou isenção), as provas e a distribuição de vagas (as vagas são poucas, então, mesmo sendo aprovado, é possível não conseguir uma).

algumas universidades, por exemplo, têm duas fases nas provas, programas seriados no seu processo seletivo, a possibilidade de o candidato usar nota do Exame Nacional do Ensino Médio (Enem).[18]

Outra questão importante para se entender a dinâmica de implementação desses tipos de acessos diferenciados são os condicionantes. Essa categoria tem sido utilizada ao longo da pesquisa para auxiliar na explicação de casos em que um determinado público-alvo precisa comprovar outra característica, como, por exemplo, além de ser negro, ter estudado em escola pública, ou ser estudante de escola pública morador do interior do Estado, além de comprovar um limite de renda familiar.

A seguir serão descritas as categorias utilizadas nos editais, no que se refere à ação afirmativa:

Acréscimo de notas

Pode ocorrer antes do vestibular, como pontos fixos acrescidos para o beneficiado, ou depois das provas, como porcentagens para aumentar a nota final. Esta modalidade é adotada por seis universidades federais e duas estaduais, sendo todas por decisões dos conselhos universitários. Destas, quatro estão no sudeste e três no nordeste. A Tabela 4 apresenta as metas por universidades.

TIPOS DE AÇÃO AFIRMATIVA POR UNIVERSIDADE		
TABELA 4	ACRÉSCIMO DE NOTAS	
	PONTOS	PORCENTAGEM
UFRN	Estabelecida pela Resolução nº 31/2005. Varia por cursos para EP (último ano do ensino fundamental e dois primeiros do ensino médio).	
UNICAMP	Estabelecida pela Deliberação Consu nº A12-04. 30 para EP (todo o ensino médio); 10 para NE e IN de EP (todo o ensino médio).	
USP		Estabelecida pela Resolução nº 5.338/2006. 0,3% para EP (todo o ensino médio).

18. O ENEM teve início pelo governo federal em 1998.

UFF		Estabelecida pela Resolução nº 177/2008. 10% para EP (todo o ensino médio em estaduais ou municipais).
UFRRJ	Estabelecida pela Deliberação nº 162/2009. 10 para EP.	
UFMG		Estabelecida pela Resolução nº 03/2008. 10% para EP (quatro anos finais do ensino fundamental e todo o ensino médio). 15% para pretos e pardos.
UFPE		Estabelecida pela Resolução nº 05/2006. 10% para EP (todo o ensino médio em estaduais e municipais do interior do Estado).
UFRPE		

Produzido por Nirema. Fontes: Leis e editais dos vestibulares (atualizado até agosto de 2009).

Acréscimo de vagas

É estabelecido antes do vestibular, pois são vagas oferecidas em um concurso paralelo ao vestibular tradicional, ou seja, são criadas vagas a mais que normalmente não estariam previstas no edital. Esta modalidade é adotada em duas federais e quatro estaduais, sendo todas as federais por decisão do conselho universitário e as estaduais por lei.[19] A divisão por região é a seguinte: uma no sudeste, uma no norte, uma no nordeste e três no sul. A seguir, a Tabela 5 com as respectivas metas por universidades.

TABELA 5	ACRÉSCIMO DE VAGAS	
	QUANTIDADE FIXA	PORCENTAGEM
UNIFESP		Estabelecida pela Resolução nº 38/2006. 10% para NE e IN de EP (todo o ensino médio).
UFMT	Estabelecida pela Resolução nº 83/2007. 10 vagas para IN do Estado.	
UFRR	Estabelecida pela Resolução nº 08/2007. 23 vagas em sete cursos diferentes para IN. As vagas mudam a cada concurso.	

19. A lei é a de nº 13.134/2001, da ALEPR, e estabelece três vagas para indígenas em cada universidade estadual do Paraná. Para sua execução, foi criada a CUIA (Comissão Universitária), que organiza um vestibular paralelo com várias adaptações, levando em conta as diversas etnias indígenas. A meta dessa lei foi mudada pela Lei nº 14.995/2006.

<table>
<tr><td>UNESPAR</td><td rowspan="3">Estabelecida pela Lei nº 13.134/2001 e alterada pela Lei nº 14.995/2006 da ALEPR. Seis vagas para IN em cada instituição.</td><td rowspan="3"></td></tr>
<tr><td>UNICENTRO</td></tr>
<tr><td>UENP</td></tr>
</table>

Produzido por Nirema. Fontes: Leis e editais dos vestibulares (atualizado até agosto de 2009).

Cotas

As cotas têm como característica principal a possível redistribuição nas vagas totais destinadas ao vestibular universal, por meio de reservas a grupos específicos. Cotas são vagas reservadas, que podem ou não ser preenchidas. Frequentemente apresentam os seguintes formatos: porcentagens e quantidades fixas. São medidas implementadas ao final do processo do vestibular. Essa afirmação é possível, pois todos os candidatos, não importando o público-alvo a ser beneficiado, fazem a mesma prova. Portanto, esse tipo de ação afirmativa somente será implementada no terceiro momento do vestibular.[20] Esta modalidade é adotada em 13 universidades federais e 17 estaduais, e destas oito estaduais têm cotas devido a leis, e todas as federais e nove estaduais, por decisão dos conselhos universitários.[21] A divisão por regiões é a seguinte: dez no sudeste, cinco no norte, nove no nordeste, duas no sul e três no centro-oeste. A seguir, a Tabela 6 com as respectivas metas por universidades.

<table>
<tr><td rowspan="2">TABELA 6</td><td>COTAS</td></tr>
<tr><td>PORCENTAGEM</td></tr>
<tr><td>UERJ</td><td rowspan="2">Estabelecida pelas Leis nº 3.524/2000 (EP) e nº 3.708/2001 (NE) e alterada pela Lei nº 4.151/2003 da Alerj.
20% para EP; 20% para NE; 0,5% para DF, IN e outras minorias;
Todos têm de provar renda per capita que é estabelecida pela universidade todo ano.</td></tr>
<tr><td>UENF</td></tr>
<tr><td>UEMS</td><td>Estabelecida pelas Leis nº 2.589/2002 (indígena) e nº 2.605/2003 (negros) da Alems.
20% para NE; 10% para IN.</td></tr>
<tr><td>UERN</td><td>Estabelecida pela Lei nº 8.252/2002 da Alern. 50% para EP (ensino fundamental e médio).</td></tr>
</table>

20. Para efeito deste texto, estamos dividindo esses três momentos em: (1) inscrição, (2) realização das provas e (3) divisão das vagas por meio de um *ranking* classificatório.

21. As leis são, respectivamente: nº 5346/2008 da ALERJ; nº 8.252/2002 da Alern; nº 2.589/2002 e nº 2.605/2003 da ALEMS; nº 2.894/2004 da ALEAM; nº 14.832/2004 da ALEG; nº 15.259/2004 da ALEMG; e nº 1023/2006 da ALEAP.

UEMG UNIMONTES	Estabelecida pela Lei nº 15.259/2004 da Alemg. 20% para EP que provem uma renda estabelecida pela universidade; 20% para NE que provem uma renda estabelecida pela universidade; 0,5% para DF e IN.
UEA	Estabelecida pela Lei nº 2.894/2004 da Aleam. 80% para estudantes do Amazonas, sendo destes 60% para EP (todo o ensino médio); IN proporcional à população do Estado.
UEG	Estabelecida pela Lei nº 14.832/2004 da Aleg. 20% para EP (todo o ensino médio); 20% para NE; 0,5% para DF e IN.
UEAP	Estabelecida pelas Leis nº 1.022/2006 e nº 1.023/2006 da Aleap. Porcentagem proporcional ao inscritos que foram de EP (todo o ensino médio); 0,5% para IN; 0,5% para DF.
UNEAL	Estabelecida pela Lei nº 6.524/2004 da Aleal. 50% para EP (últimos quatro anos do fundamental e todo o ensino médio).
UNEB	Estabelecida pela Resolução nº 196/2002, alterada pela nº 468/2007. 40% para NE de EP (todo o ensino médio) que comprovem até 10 salários mínimos de renda; 0,5% para IN.
UVA	Estabelecida pela Resolução nº 25/2005. 0,5% para DF.
UPE	Estabelecida pela Resolução nº 10/2004, alterada pela nº 04/2007. 20% para EP (todo o ensino médio em escolas municipais ou estaduais localizadas no Estado).
UERGS	Estabelecida pelo art. 56 do Decreto nº 43.240/2004. 10% para DF; 50% para pobres, comprovando até um salário mínimo *per capita*.
UEPB	Estabelecida pela Resolução nº 17/2008. 30% para EP (todo o ensino médio no Estado).
UNCISAL	Estabelecida pela Resolução nº 12/2008. 0,5% para EP (todo o ensino médio); 0,5% para afrodescendentes (pretos e pardos) de EP (todo o ensino médio).
UESPI	Estabelecida pela Resolução nº 07/2008. 10% para EP; 50% dos 10% para NE.
UFT	Estabelecida pela Resolução nº 3A/2004. 0,5% para IN.
UFJF	Estabelecida pela Resolução nº 05/2005. 50% para EP (tenham cursado pelo menos sete anos); 30% dos 50% para NE de EP.
UFPI	Estabelecida pela Resolução nº 17/2006, alterada pela nº 138/2008. 20% para EP (todo o ensino fundamental e médio).
UFPA	Estabelecida pela Resolução nº 3361/2005. 50% para EP (todo o ensino fundamental e médio); 40% dos 50% para NE (pretos e pardos).
UFRA	Estabelecida no art. nº 95 do regimento da universidade. Porcentagem proporcional aos inscritos que foram de EP (todo o ensino médio).
UFOP	Estabelecida pela Resolução nº 3270/2008. 30% para EP (todo o ensino médio no Estado).

UTFPR	Estabelecida pela Resolução nº 12/2007. 50% para EP (todo o ensino médio).
UFES	Estabelecida pela Resolução nº 33/2007, alterada pela nº 31/2008. 40% para EP (quatro anos do fundamental e todo o ensino médio) que tenham renda de até sete salários mínimos.
UFU	Estabelecida pela Resolução nº 20/2008. 25% para EP (últimos quatro anos do fundamental e todo o ensino médio).
UFS	Estabelecida pela Resolução nº 80/2008. 50% para EP (quatro anos do fundamental e todo o ensino médio); 70% dos 50% para NE (negros ou pardos) e IN.
UFSJ	Estabelecida pela Resolução nº 22/2009. 50% dos de EP (todo ensino fundamental e médio); Dos 50% reserva-se o equivalente da proporção do estado de pretos e pardos; Dos 50% reserva-se o equivalente da proporção do estado de indígenas.
UFMA	Estabelecida pela Resolução nº 499/2006. 25% para EP (todo o ensino médio); 25% para NE.
QUANTIDADE FIXA	
UFS	Estabelecida pela Resolução nº 80/2008. Uma vaga para DF.
UFABC	Estabelecida pela Resolução nº 02/2006. O total de vagas reservadas varia ano a ano. Para o vestibular de 2010, foram distribuídas: 250 vagas para EP (todo o ensino médio); Das 250 para EP, 71 para NE (pretos e pardos); 1 vaga para IN.
UFMA	Estabelecida pela Resolução nº 499/2006. 2 vagas para IN; 2 vagas para DF. Até 2008, era acréscimo de uma vaga para cada público-alvo.
UEMA	Adota quantidade fixa de vagas em alguns cursos a cada ano. Não existe uma resolução fixa.

Produzido por Nirema. Fontes: Leis e editais dos vestibulares (atualizado até agosto de 2009).

Acréscimo de vagas e cotas

Algumas universidades adotam dois tipos de ação afirmativa de acesso para públicos-alvo diferentes. Esta modalidade é adotada em nove federais e oito estaduais, das quais quatro estaduais têm acréscimo de vagas devido a leis e todas as demais por decisão dos conselhos universitários. A divisão por regiões é a seguinte: uma no sudeste, seis no nordeste, nove no sul e duas no centro-oeste. A seguir a Tabela 7 com as respectivas metas por universidades.

<table>
<tr><th rowspan="2">TABELA 7</th><th colspan="2">ACRÉSCIMO DE VAGAS E COTAS</th></tr>
<tr><th>COTAS</th><th>ACRÉSCIMO DE VAGAS</th></tr>
<tr><td>UEL</td><td>Estabelecida pela Resolução nº 78/2004.
40% para EP (últimos quatro anos do fundamental e todo o ensino médio);
50% dos 40% para NE (pretos e pardos) de EP (últimos quatro anos do fundamental e todo o ensino médio).</td><td rowspan="4">Estabelecida pela Lei nº 13.134/2001, alterada pela nº 14.995/2006 da ALEPR.
6 para IN em cada instituição.</td></tr>
<tr><td>UEPG</td><td>Estabelecida pela Resolução nº 09/2006 alterada pela nº 68/2007.
20% para EP (todo o ensino médio);
0,7% para NE de EP (todo o ensino médio);
A resolução estabelece que a cota deve aumentar a cada ano de 5% para EP e 1% para NE até 2012.</td></tr>
<tr><td>UEM</td><td>Estabelecida pela Resolução nº 12/2008.
20% para EP (todo o ensino fundamental e ensino médio), além de ter renda per capita de 1,5 salário mínimo.</td></tr>
<tr><td>UNIOESTE</td><td>Estabelecida pelo Ato Executivo nº 28/2008 alterada pela Resolução nº 191/2008.
40% para EP (últimos quatro anos do fundamental e todo o ensino médio).</td></tr>
<tr><td>UNEMAT</td><td>Estabelecida pela Resolução nº 200/2004.
25% para NE (pretos e pardos) de EP (todo o ensino médio público ou particular com bolsa e morador no mínimo há três anos no estado).</td><td>Estabelecida pela Resolução nº 24/2006.
2 para IN do estado no curso de Bacharel em Enfermagem.</td></tr>
<tr><td>UESC</td><td>Estabelecida pela Resolução nº 64/2006.
50% para EP (últimos quatro anos do fundamental e todo o ensino médio);
75% dos 50% para NE de EP (últimos quatro anos do fundamental e todo o ensino médio).</td><td>Estabelecida pela Resolução nº 64/2006.
2 para IN ou QU de EP (últimos quatro anos do fundamental e todo o ensino médio).</td></tr>
<tr><td>UESB</td><td>Estabelecida pela Resolução nº 37/2008.
50% para EP (ter pelo menos sete anos em EP);
70% dos 50% para NE de EP (ter pelo menos sete anos em EP).</td><td>Estabelecida pela Resolução nº 37/2008.
1 vaga em cada curso e turno para ser usada por IN, DEF ou QU.</td></tr>
<tr><td>UFBA</td><td rowspan="2">Estabelecida pela Resolução nº 01/2004, alterada pela nº 01/2004. 43% para EP (um ano do fundamental e todo o ensino médio);
85% dos 43% para NE (pretos e pardos) de EP; 0,2% para IN (últimos quatro anos do fundamental e todo o ensino médio).</td><td rowspan="2">Estabelecida pela Resolução nº 01/2004, alterada pela nº 01/2004.
2 para QU ou IN aldeado (últimos quatro anos do fundamental e todo o ensino médio).</td></tr>
<tr><td>UFRB</td></tr>
</table>

UFPR	Estabelecida pela Resolução nº 37/2004. 20% para EP (todo o ensino fundamental e médio, podendo ser um ano em particular); 20% para NE (pretos e pardos).	Aderiu à Lei nº 13.134 da ALEPR na Resolução nº 17/2004. 6 para IN. Há um item estabelecendo que deve haver aumento gradativo de 5 vagas para 2005 e 2006, 7 para 2007 e 2008 e 10 para 2009. Estabelecida pela Resolução nº 70/2008. 1 para DF (na graduação, escolas técnicas e profissionalizantes da UFPR).
UEFS	Estabelecida pela Resolução nº 34/2006. 50% para EP (dois anos do fundamental e todo o ensino médio); 80% dos 50% para NE de EP (dois anos do fundamental e todo o ensino médio).	Estabelecida pela Resolução nº 34/2006. 2 para IN ou QU.
UFG	Estabelecida pela Resolução nº 29/2008. 20% para EP (dois últimos anos do fundamental e todo o ensino médio); 20% para NE de EP (dois últimos anos do fundamental e todo o ensino médio).	Estabelecida pela Resolução nº 29/2008. 1 para IN; 1 para QU.
UFRGS	Estabelecida pela Resolução nº 134/2007. 30% para EP (metade do fundamental e todo o ensino médio); 50% dos 30% para NE de EP (metade do fundamental e todo o ensino médio).	Estabelecida pela Resolução nº 39/2007. 10 para IN.
UFSCAR	Estabelecida pela Resolução nº 563/2007. 20% para EP (todo o ensino médio); 35% dos 20% para NE de EP (todo o ensino médio). Há um item estabelecendo aumento gradativo para 40% das vagas entre 2011 e 2013 e 50% entre 2014 e 2016 para EP. Durante esse período, a porcentagem de 35% para NE continua a mesma.	Estabelecida pela Resolução nº 563/2007. 1 para IN; Não há aumento dessa quantidade entre 2008 e 2016.
UFSC	Estabelecida pela Resolução nº 08/2007. 20% para EP (todo o ensino fundamental e médio); 10% para NE de EP (todo o ensino fundamental e médio).	Estabelecida pela Resolução nº 08/2007. 5 para IN (limite de duas vagas por curso); Há um item estabelecendo aumento gradativo de uma vaga por ano até 2013, quando serão 10 vagas.
UFSM UNIPAMPA	Estabelecida pela Resolução nº 11/2007. 20% dos de EP (todo o ensino fundamental e médio, mas pode ter cursado um ano em particular); 10% para afro-brasileiros (pretos e pardos); 0,5% para DF.	Estabelecida pela Resolução nº 11/2007. 5 para IN.

Produzido por Nirema. Fontes: Leis e editais dos vestibulares (atualizado até agosto de 2009).

Acréscimo de notas e cotas

Somente uma universidade adota as duas modalidades, a UFAL.

TABELA 8	ACRÉSCIMO DE NOTAS E COTAS	
	COTAS	ACRÉSCIMO DE NOTAS
UFAL	Estabelecida pela Resolução nº 33/2003. 20% para NE (autodeclarados pretos e pardos) de EP (todo o ensino médio). Há uma divisão dos 20%, sendo 60% para mulheres e 40% para homens.	Mais 10% na nota final para EP (todo o ensino médio), mas o estudante deve ser morador do interior do estado.

Produzido por Nirema. Fontes: Leis e editais dos vestibulares (atualizado até agosto de 2009).

Acréscimo de notas e cotas, acréscimo de vagas

Somente uma universidade adota as três modalidades, a UNB.

TABELA 9	ACRÉSCIMO DE NOTAS E COTAS	
	COTAS	ACRÉSCIMO DE NOTAS
UNB	Estabelecida pela Resolução nº 38/2003. 20% para NE (declarantes de cor preta e parda). A UNB tem uma comissão de verificação.	10% para EP (ter pelo menos dois anos de ensino médio) em algumas localidades listadas no edital do vestibular.
	ACRÉSCIMO DE VAGAS	
	Estabelecida pela Resolução nº 38/2003. 10 vagas para IN.	

Produzido por Nirema. Fontes: Leis e editais dos vestibulares (atualizado até agosto de 2009).

Apesar da complexidade das políticas de ação afirmativa nas universidades brasileiras, o tema sobre a classificação de cor dos candidatos tem mobilizado grande parte do debate público. Assim, a situação mais emblemática é o debate em torno da comprovação de quem é negro.

Levando-se em conta as 65 universidades com algum tipo de ação afirmativa e com base nas informações da Tabela 4, intitulada "Tipos de Ação Afirmativa por Universidade", podemos destacar que o público-alvo mais beneficiado são os estudantes de escolas públicas, com 48 universidades, seguido de indígenas, com 40, negros, com 36, deficientes físicos, com 15, quilombolas, com 6, residentes do interior do estado, com 6, e renda, com somente 1.[22]

22. Contudo, é importante enfatizar, como detalhado nas Tabelas 4 a 9, que a comprovação da origem escolar não é feita de forma idêntica em todas as universidades, pois, enquanto algumas exigem que o candidato curse todo o ensino escolar em escolas públicas, outras pedem somente o ensino

Para complementar as informações apresentadas nas Tabelas 4 a 9, segue o Gráfico 4, intitulado "Públicos-alvo Beneficiados", em que se podem observar detalhadamente os percentuais de 31% para egressos de escolas públicas, 26% para indígenas, 24% para autodeclarados negros e pardos, 10% para deficientes físicos, 4%, 4% e 1% para quilombolas, moradores do interior do estado e pessoas de baixa renda, respectivamente.

GRÁFICO 4

PÚBLICOS-ALVO BENEFICIADOS

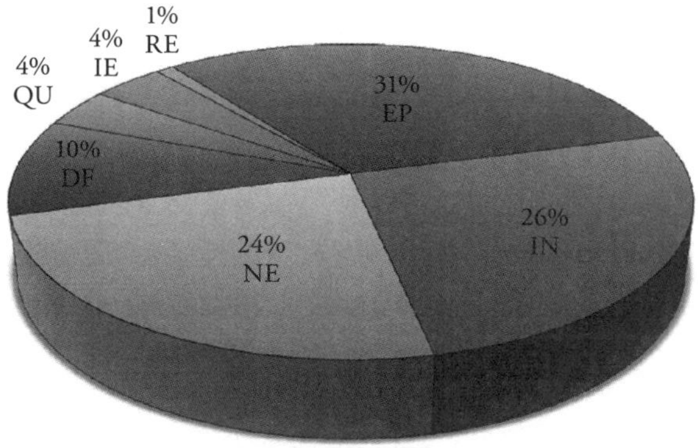

Fonte: Leis estaduais e editais dos vestibulares (agosto de 2009)

Ao cruzarmos os dados sobre os públicos-alvo com os tipos de ação afirmativa, destacamos os seguintes aspectos:

1. Para escolas públicas, as cotas são utilizadas em 42 universidades, sendo adotado acréscimo de notas em seis universidades;
2. Para indígenas, em 16 universidades são adotadas cotas, uma com acréscimo de notas, e a maioria, 23, com acréscimo de vagas;
3. Para candidatos autodeclarados negros, em 33 universidades são adotadas cotas, duas como acréscimos de notas e uma como acréscimo de vagas;
4. Para deficientes físicos, as cotas são adotadas em 12 universidades, sendo três como acréscimos de vagas;

médio ou um ano do fundamental e todo o ensino médio. Outras pedem até que seja o ensino médio no estado onde a universidade se encontra.

5. Para quilombolas, temos acréscimo de vagas como modelo adotado em seis universidades;

6. Para moradores do interior do estado, temos duas universidades adotando cotas e duas como acréscimos de notas;

7. A renda aparece em somente oito universidades como cotas.

A Tabela 10, intitulada "Públicos-alvo e Tipos de Ação Afirmativa", contém dados que complementam as informações descritas anteriormente.

TABELA 10	PÚBLICOS-ALVO E TIPOS DE AÇÃO AFIRMATIVA			
PÚBLICOS-ALVO	TIPOS DE AÇÃO AFIRMATIVA			
	COTAS	NT	AV	TOTAIS
Escola pública	42	06	00	48
Indígenas	16	01	23	40
Negros	33	02	01	36
Deficientes físicos	12	00	03	15
Quilombolas	00	00	06	06
Moradores do interior do estado	01	04	00	06
Renda	01	00	00	01

Produzido por Nirema. Fontes: Leis e editais dos vestibulares (atualizado até agosto de 2009).

A Tabela 11, intitulada "Somatório de Tipos de Públicos-alvo por Universidade", completa o panorama de forma mais ampliada por focar esses dados somando os públicos-alvo a serem beneficiados, por universidade.

TABELA 11	SOMATÓRIO DE TIPOS DE PÚBLICOS-ALVO POR UNIVERSIDADE		
PÚBLICOS-ALVO	COTAS	ACRÉSCIMO DE VAGAS	ACRÉSCIMO DE NOTAS
DF	01		
DF / RE	01		
EP	12		04
EP / NE	15		01
EP / NE / DF	02		

EP / NE / IN	04		01
EP / NE / IN / DF	07		
EP / IN / DF	01		
EP / IN / IE	01		
IN	01	16	
IN / DF		02	
IN / DF / QU		01	
IN / QU		05	
NE	03		
NE / IN	02	01	
IE	01		04
TOTAIS	51	25	10

Produzido por Nirema. Fontes: Leis e editais dos vestibulares (atualizado até agosto de 2009).

Tomando por base "cota" como sendo o tipo com maior abrangência e os três maiores públicos-alvo, vemos que os ex-alunos de escolas públicas, além de serem mais beneficiados, tendem a estar presentes na maioria dos programas das universidades.

Segundo os dados das universidades com "cotas", temos as seguintes conclusões:

1. Do total, 82%, ou 42 de 51, são destinados para egressos de escolas públicas.
2. E 65%, ou 33 de 51, podem ser preenchidos por candidatos autodeclarados "negros".
3. Cabem ainda 31%, ou 16 de 51, para candidatos indígenas. Se aplicarmos a mesma leitura para os programas com acréscimo de notas, os egressos de escolas públicas continuam sendo os mais beneficiados, como mostra o Gráfico 10 e as considerações a seguir.

Os dados para acréscimo de vagas fogem totalmente ao padrão dos outros dois programas de ação afirmativa, pois os estudantes de escolas públicas não aparecem como público-alvo, havendo uma total preferência para indígenas como beneficiados,[23] ou seja, 100%, ou 25 do total de 25, são destinados a candidatos indígenas.

A adoção dos condicionantes também precisa ser acompanhada de perto, pois de um edital de vestibular para outro, da mesma universidade, podem ocorrer mudanças significativas. Um caso emblemático é o da Uneb, que não exigia comprovação de renda nos vestibulares de 2003 a 2007, mas, a partir de 2008, passou a exigir que os candidatos comprovem renda familiar abaixo de dez salários mínimos. Pelas informações das Tabelas 4 a 9, podemos localizar essas categorias de forma mais detalhada. A Tabela 12, a seguir, é uma tentativa de resumir a variedade de políticas.

TABELA 12	SITUAÇÃO DOS CONDICIONANTES
EP	Condiciona 26 universidades, sendo: 15 com cotas para NE. 5 com cotas para NE e IN. 4 com acréscimo de notas para IE. 1 com acréscimo de notas para NE e IN. 1 com acréscimo de notas para NE. 1 com acréscimo de vagas para IN. 1 com acréscimo de vagas para IE. 1 com acréscimo de vagas para NE e IN. 1 com acréscimo de vagas para IN e QU. 2 com acréscimo de vagas para QU.
IN	Não cria nenhum condicionante.
NE	Não cria nenhum condicionante.
DF	Não cria nenhum condicionante.
QU	Não cria nenhum condicionante.
IE	Condiciona 4 universidades, sendo: 2 com cotas para EP. 1 com cotas para EP e IN. 1 com acréscimo de vagas para IN.
RE	Condiciona 6 universidades, sendo: 2 com cotas para EP. 2 com cotas para EP e NE. 2 com cotas para EP, NE, IN e DF.

Produzido por Nirema. Fontes: Leis e editais dos vestibulares (atualizado até agosto de 2009).

23. Apesar de ex-alunos de escolas públicas não se configurarem como público-alvo, elas aparecem como condicionantes em cinco universidades. São elas: Unifesp, UFBA, UFRB, UESC e Unemat. Sobre o tema, consultar Machado (2006): "Acompanhamento e monitoramento das políticas de ação afirmativa nas universidades brasileiras".

Como podemos ver, em 26 de 65 das universidades com AA, ou seja, 40%, ser egresso de escola pública é condição obrigatória para ter acesso à ação afirmativa, e se o candidato for negro, ser egresso da escola pública é igualmente importante, pois de 36 universidades com ação afirmativa para negros, em 23, ou 63% dos casos, é preciso ter sido também de escola pública. Se somarmos o condicionate renda, teremos 27, ou 75%. A conclusão é que, ao contrário do que os opositores dizem sobre as cotas raciais, o candidato negro geralmente não precisa provar somente que é negro, mas é preciso ter outras características que se somam para que possa concorrer às políticas de ação afirmativa nas universidades.

O debate se o candidato ao vestibular deveria ou não ser beneficiado com o programa de ação afirmativa tem gerado polêmica na comunidade acadêmica, nos meios de comunicação, no Judiciário e nos partidos políticos. A partir disso, a questão que se coloca é qual método deve utilizado para confirmar se realmente o candidato é quem diz ser ao apresentar sua inscrição. Ao longo dos últimos anos, as universidades têm adotado três tipos de aferição: documentação, comissão de avaliação e autoidentificação.

Cada forma de aferição varia de acordo com o público-alvo. Podemos ter na mesma universidade duas formas diferentes de aferição. A Tabela 13 dá um panorama geral dessa questão.

TABELA 13	FORMAS DE AFERIÇÃO		
PÚBLICOS-ALVO	QUANTIDADE DE UNIVERSIDADES		
	Documentação	Autodeclaração	Comissão
Origem escolar	55	0	0
Indígena	33	4	3
Negra	0	30	6
Deficiente	14	0	1
Renda	8	0	0
Quilombola	6	0	0
Interior do estado	6	0	0
TOTAIS	122	34	10

Fontes: Leis estaduais e editais dos vestibulares (agosto de 2009).

Entende-se que esse nível de detalhamento é necessário para termos uma melhor compreensão das ações afirmativas e de como se dá o acesso às políticas de ação das universidades estaduais e federais.

Considerações finais

No decorrer do presente capítulo buscamos apresentar como as políticas de ações afirmativas vêm sendo implementadas nas universidades brasileiras. Desde o início da pesquisa pretendíamos mostrar que, independentemente de ser favorável ou contrário a tais medidas, estas se constituem em políticas importantes e relevantes, cuja reflexão possibilitará a compreensão do processo de consolidação democrática na sociedade brasileira nos dias atuais, posto que o debate sobre políticas de ação afirmativa tem mobilizado muitos pesquisadores, autores, professores universitários, ativistas, políticos, estudantes, pais de alunos e a opinião pública. Estes têm diferentes argumentos. Para sistematizar o debate e apresentar, ainda assim, a complexidade da temática abordada, os argumentos serão classificados como universalistas e particularistas.

Os "universalistas", em princípio, enfatizam que as medidas adotadas pelo Estado deveriam ter como propósito "harmonizar e adaptar" a população ao processo de industrialização capitalista. A adoção de leis e medidas de políticas públicas deveria atingir o segmento de classe socioeconômica com as mais baixas taxas de indicadores sociais. Debatendo diretamente com os universalistas, os particularistas consideram que o tratamento diferenciado – favorável àqueles que, apesar das políticas universais, se mantêm com baixos índices de indicadores sociais – se constitui em alternativa de política focalizada.

Diante de tal política, com medidas particulares se pretende viabilizar a elevação de taxas de participação e indicadores sociais daqueles que historicamente se mantêm em condição desfavorável. Como exemplo de segmentos que se encontram historicamente em situação desfavorável estaria a "população negra", dentre outros segmentos, como observou Guimarães (1999). Cabe mencionar que entre os "universalistas" encontram-se ainda aqueles que não estão em desacordo com as medidas contra as desigualdades, porém as querem gerais, e não específicas. Reclamam da grande importância dada ao ensino superior e do abandono progressivo dos ensinos fundamental e médio. Argumentam que, ao se estabelecerem leis específicas para "negros" e "pardos",[24] haveria o risco não só da naturalização de noções como "raça" e cor, que são construções sociais, mas também da importação do modelo americano, bem distante da realidade brasileira.

Diante do exposto, considerando o que foi apresentado no presente capítulo, estamos presenciando e vivenciando mudanças expressivas no ensino superior, posto que a adoção de políticas de ação afirmativa nas universidades brasileiras implica mudança do Estado: do Executivo, do Legislativo e do Judiciário brasileiros. E para tanto é necessário informar e ampliar a produção de conhecimento sobre a temática. Assim, foi possível documentar e analisar os mecanismos legais adotados pelas universidades brasileiras no que concerne à dinâmica da adoção de tais políticas desde 2002, ano de implantação das primeiras medidas, até 2009, quando 65 universidades tiveram algum tipo de política de ação afirmativa.

Como foi mostrado, o tema tem gerado polêmica e, apesar de recente na sociedade brasileira, menos de uma década, muitos autores têm se dedicado a ele. Ainda assim, não há referências que enfoquem os editais e manuais, considerando diferentes possibilidades de análise. Terminamos por afirmar, ainda que provisoriamente, que, diante da dinâmica, das medidas, dos tipos e públicos-alvo a serem beneficiados, presenciamos um fenômeno de extrema importância e relevância para a compreensão da sociedade brasileira e para nós. Sobre isso não há dúvidas: as políticas de ação afirmativa nas universidades brasileiras, nos dias atuais, se caracterizam e são promovidas por agentes e motivações inerentes à sociedade brasileira, como fica registrado com a análise dos editais das universidades públicas federais e estaduais do país.

24. É importante destacar como as categorias de cor são acionadas. Para tanto, cito os termos conforme foram descritos nos documentos publicados, pretendendo, com isso, indicar como se realizou o debate, sem emitir opinião pessoal ou análises prévias.

Referências bibliográficas

CARVALHO, J. J.; SEGATO, R. L. *Uma proposta de cotas para estudantes negros da Universidade de Brasília*. Série Antropologia, n. 314. Departamento de Antropologia, Universidade de Brasília, 2002.

FERES JÚNIOR, J. Ação afirmativa no Brasil: fundamentos e críticas. *Econômica*, Rio de Janeiro, v. 6, n. 2, p. 291-312, dez. 2004.

FRY, P.; MAGGIE, Y.; MAIO, M. C.; MONTERIRO, S.; SANTOS, R. *Divisões perigosas*: políticas raciais no Brasil contemporâneo. Rio de Janeiro: Civilização Brasileira, 2007.

GOMES, J. B. B. A recepção do instituto da ação afirmativa pelo direito constitucional. In: SALES, Augusto (org.). *Ações afirmativas e combate ao racismo nas Américas*. Brasília: INEP, 2005.

_____. O debate constitucional sobre as ações afirmativas. Disponível em: www.mundojuridico.com.br, jul. 2002.

GUIMARÃES, A. S. A. *Classes, raças e democracia*. São Paulo: Fundação de Apoio à Universidade de São Paulo/Ed. 34, 2002.

HERINGER, R. Ação afirmativa e promoção da igualdade racial no Brasil. In: PAIVA, A. R. (org.). *Ação afirmativa na universidade:* reflexão sobre experiências concretas Brasil – Estados Unidos. Rio de Janeiro: PUC-Rio/Desiderata, 2004.

IGREJA, R. L. O Estado brasileiro e as ações afirmativas. *Advir*, Rio de Janeiro, v. 19, n. 3, p. 19-22, 2005.

MACHADO, E. A. *Desigualdades raciais e ensino superior*: um estudo sobre a introdução das leis de reserva de vagas para egressos de escolas públicas e cotas para negros, pardos e carentes na Universidade do Estado do Rio de Janeiro. Tese (Doutorado) – Programa de Pós-graduação em Sociologia e Antropologia/IFCS – Universidade Federal do Rio de Janeiro – UFRJ, Rio de Janeiro, 2004.

MAIO, M. C.; SANTOS, R. V. Política de cotas raciais, os olhos da sociedade e os usos da antropologia: o caso do vestibular da Universidade de Brasília. *Horizontes Antropológicos*, Porto Alegre, ano 11, n. 23, jan.-jun. 2005.

MUNANGA, K. O anti-racismo no Brasil. In: MUNANGA, K. (org.). *Estratégias e políticas de combate à discriminação racial*. São Paulo: Edusp, 1996.

PETRUCCELLI, J. L. *Classificação étnico-racial brasileira*: onde estamos e aonde vamos. Rio de Janeiro: Iuperj, 2006.

SILVA, G. M. D. Ações afirmativas no Brasil e na África do Sul. *Tempo Social – Revista de Sociologia da USP*, v. 18, n. 2, p. 131-165, nov. 2006.

SILVA, P. B. G.; SILVÉRIO, V. R. (orgs.). *Educação e ações afirmativas*: entre a injustiça simbólica e a injustiça econômica. Brasília: INEP, 2003.

VIEIRA, A. L. da C. Políticas de educação, educação como política: observações sobre a ação afirmativa como estratégia política. In: SILVA, P.; SILVÉRIO, V. (orgs.). *Educação e ações afirmativas*: entre a injustiça simbólica e a injustiça econômica. Brasília: INEP, 2003, p. 81-98.

Sites consultados[25]

AÇÃO EDUCATIVA: http://www.acaoeducativa.org.br/index.php

INEP: http://www.inep.gov.br

MEC: http://www.mec.gov.br/

OBSERVA: http://www.observa.ifcs.ufrj.br/universidades/

OLPED: http://www.ipp-uerj.net/olped/

PORTAL SISTEMA DE COTAS PARA NEGROS: http://www.unb.br/admissao/sistema_cotas

PROGRAMA A COR DA BAHIA: http://acordabahia.ufba.br

PROGRAMA POLÍTICAS DA COR: http://www.politicasdacor.net/

REAÇÃO AFIRMATIVA [Rede de Estudos de Ação afirmativa]: http://açãoafirmativasn.iuperj.br/portugues/index.htm

25. Acessamos os *sites* em diferentes datas, entre 2008 e 2009.

A INVENÇÃO DAS COTAS: POLÍTICAS DE AÇÃO AFIRMATIVA E OS ESTUDANTES UNIVERSITÁRIOS[1]

Elielma Ayres Machado[2]

Introdução

O presente capítulo tem por finalidade apresentar e analisar informações coletadas e tabuladas durante a realização do trabalho de campo da pesquisa intitulada "Acompanhamento e Monitoramento das Políticas de Ação Afirmativa nas Universidades Brasileiras", realizada entre os anos 2006 a 2008 junto aos estudantes das universidades com ação afirmativa. No decorrer do texto será apresentada e analisada parte dos dados quantitativos relativos à pesquisa com esse segmento. Dispomos de material notório que possibilitarão inúmeras outras análises no futuro próximo, quando a pesquisa de campo será retomada.

No que se refere ao segmento formado por estudantes, em janeiro de 2007, iniciou-se o trabalho de campo propriamente dito e as universidades pesquisadas foram as mesmas em que foi realizada a parte qualitativa com os gestores: UERJ, UENF, UnB, UFBA, UNEB, UFPA, UEPG, USP e Unicamp. Teve como base a realização de grupo focal e a aplicação de questionários com estudantes das universidades selecionadas. O questionário foi

1. O título do artigo foi confeccionado a partir de dois trabalhos, os quais muito aprecio: A invenção da cultura afro-americana. In: Mintz, S.; Price, R. *O nascimento da cultura afro-americana.* Rio de Janeiro: Pallas/CEAB-Ucam, 2003; e Corrêa, M. Sobre a invenção da mulata. *Cadernos Pagu*, Campinas, n. 6-7, p. 35-50, 1996.

2. Agradeço a colaboração de Marcio Flavio Silva de Oliveira e Tahis Martins, da equipe de pesquisa, e a Paulo Santos, consultor externo da pesquisa. Também agradeço a Angela Paiva a leitura e as sugestões, algumas delas aqui incorporadas. Apesar da colaboração, assumo integralmente a autoria e consequente responsabilidade sobre o texto.

previamente elaborado e também foi formulado um roteiro dos temas que foram abordados nos grupos focais. Como parte da preparação para o trabalho de campo, em outubro de 2006, foi realizado um pré-teste com estudantes da PUC-Rio, com o intuito de avaliar a pertinência das questões propostas para a realização do trabalho de campo. Apesar de contatos sucessivos por parte da equipe de pesquisa, não houve retorno dos estudantes com interesse em participar dos grupos focais e essa abordagem foi então abandonada nessa etapa da pesquisa. Em outra oportunidade, será possível apresentar uma análise mais abrangente do tema em questão. No presente momento torna-se possível destacar os primeiros resultados do conteúdo relativo às etapas preliminares da pesquisa quantitativa.

Os questionários

Os questionários foram respondidos por alunos dos períodos iniciais, até o terceiro período ou semestre letivos, nos cursos com sistema de créditos, e/ou do primeiro ano nos cursos seriados. A intenção inicial foi atingir 10% dos alunos de dez cursos que estão entre os cinco com maior relação candidato/vaga e os cinco com menor relação candidato/vaga. Os cursos que se encontram nas duas situações mencionadas anteriormente variam de universidade para universidade. Ainda assim, houve maior concentração dos seguintes cursos: Medicina, Odontologia, Comunicação, Engenharia, Direito, dentre os mais concorridos, e Ciências Contábeis, Administração, Pedagogia, Letras e História, entre os menos procurados.

O preenchimento desse instrumento da pesquisa dependeu de autorização das direções das universidades e/ou departamentos, e de entendimentos de forma direta com o professor que cedia parte do tempo de sua aula para que os alunos pudessem responder aos questionários.

O questionário foi previamente elaborado e levamos em conta outra pesquisa, intitulada "Relações Raciais e Ensino Superior", desenvolvida no Centro de Estudos Afro-asiáticos entre 1997 e 2001. Com os procedimentos adotados, objetivou-se alternar técnicas de abordagens quantitativa e qualitativa de pesquisa. Ao todo foram coletados 2.166 formulários que foram preenchidos por estudantes universitários nas dez universidades mencionadas, todas dispondo de algum tipo de ação afirmativa, que se encontram nas cinco regiões do país.

Para o texto foram selecionadas as questões respondidas pelos estudantes sobre "identificação", "família e residência", "renda familiar", "qual a sua opinião sobre ação afirmativa", somando um conjunto de 25 questões entre 80 possíveis, como será demonstrado a seguir.

Dados e análises: perfil dos estudantes e percepção sobre ação afirmativa nas universidades brasileiras

A primeira pergunta se refere ao sexo/gênero: masculino ou feminino. Do universo pesquisado, obtivemos o total de 54% do sexo feminino e 46% do sexo masculino.

TABELA 1: SEXO/GÊNERO			
Universidade	Feminino	Masculino	Total
UENF	38%	62%	100%
UEPG	71%	29%	100%
UERJ	45%	55%	100%
UFBA	63%	37%	100%
UFPA	48%	52%	100%
UFPR	56%	44%	100%
UNB	49%	51%	100%
UNEB	66%	34%	100%
UNICAMP	53%	47%	100%
USP	45%	55%	100%
Total	54%	46%	100%

Fonte: Pesquisa Nirema/PUC-Rio, 2009.

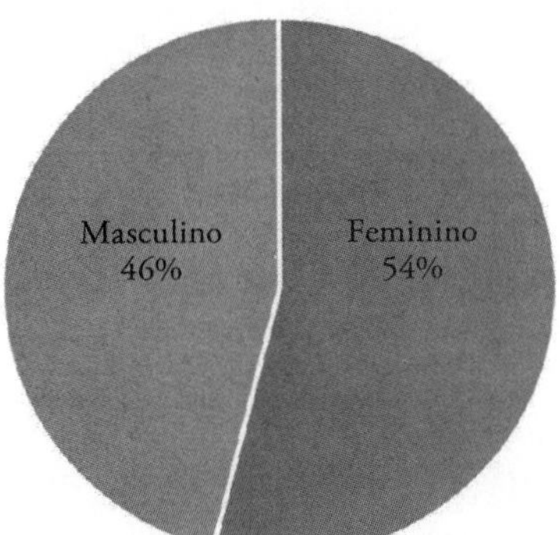

De acordo com a Tabela 1, foi possível observar grande variação entre as universidades pesquisadas, no que se refere à representação de gêneros. Nas universidades UENF, UERJ, UFPA e UNB, a maior parte dos estudantes pesquisados é do sexo masculino, enquanto as universidades UEPG, UFPR, UFBA, UNEB e Unicamp apresentam maior frequência de estudantes do sexo feminino.

Tal informação encontra-se em concordância com dados disponibilizados pelo MEC, como se pode verificar na Tabela 2. Nesse sentido, destacamos a semelhança a outras pesquisas sobre a ocupação das vagas nas universidades, segundo as relações de sexo/gênero dos estudantes.

TABELA 2: MATRÍCULAS EM CURSOS DE GRADUAÇÃO PRESENCIAIS EM 30/6/2007 DAS IES PÚBLICAS POR SEXO DOS MATRICULADOS

Universidade Pública	Masculino	Feminino	Total
	47,1%	52,9%	100,0%

Fonte: MEC/INEP/Deed.

A segunda pergunta se refere à idade dos estudantes. Como pode ser observado no Gráfico 1, a maioria dos estudantes tem entre 16 e 20 anos, estando na idade ideal para cursar a universidade, ou seja, a escolaridade líquida.

GRÁFICO 1

IDADE DOS ESTUDANTES

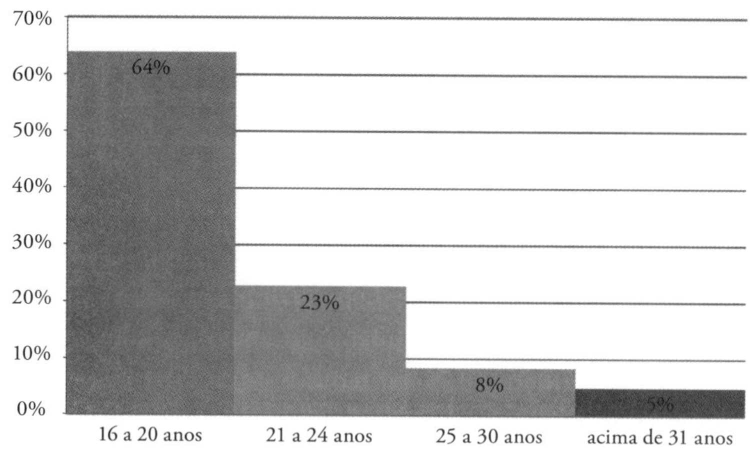

Ainda sobre a idade dos estudantes, cabe observar com atenção o grande número de estudantes que se encontravam sem renda ou não informaram a renda, como demonstra a Tabela 3. A partir da tabela, podemos inferir que os estudantes desconhecem a renda familiar e/ou não contribuem efetivamente para ela.

TABELA 3	Idade					
Rendimento individual	Não informado	16 a 20	21 a 24	25 a 30	31 a 66	Total
1 a 100	0,0%	1,0%	0,7%	0,8%	0,0%	0,8%
100,01 a 200	2,7%	2,5%	1,8%	2,3%	3,3%	2,3%
200,01 a 300	0,0%	7,3%	5,2%	3,5%	2,6%	6,0%
300,01 a 500	5,4%	11,9%	7,0%	8,1%	7,9%	9,9%
500,01 a 1.000	2,7%	12,5%	6,0%	8,5%	7,9%	10,0%
1.000,01 a 1.500	2,7%	5,7%	2,1%	0,8%	3,3%	4,0%
1.500,01 a 2.000	0,0%	2,3%	0,6%	1,2%	2,0%	1,7%
2.000,01 a 5.000	2,7%	2,6%	1,5%	1,6%	0,7%	2,1%
5.000,01 a 12.000	2,7%	0,9%	0,1%	1,6%	0,0%	0,8%
Sem renda ou não informado	81,1%	53,2%	74,9%	71,7%	72,4%	62,4%
Total	100,0%	100,0%	100,0%	100,0%	100,0%	100,0%

Fonte: Pesquisa Nirema/PUC-Rio, 2009.

A terceira pergunta consistiu no questionamento sobre cor/raça. Foi perguntado “Qual é a sua cor/raça?”. Para essa análise, havia duas perguntas, uma utilizando as cinco categorias do Censo Demográfico e a outra com a classificação aberta. Para a primeira, como indica a Tabela 4, os alunos se autodeclararam “brancos” com 58,3%, “pardos” com 28,9% e 7,6% aderiram à categoria “preta”, ao passo que 4,5% se autoclassificaram como “amarelos” e 0,7% como “indígenas”.

Quando questionamos sobre cor/raça com a autoclassificação sem opção de categorias previamente definidas, conforme mostrado na Tabela 5, obtivemos os seguintes percentuais: 59,4% aderiam à categoria branca; 23,2%, à categoria parda; 7,1% optaram pela categoria negra; e ainda houve 4% que aderiram à categoria amarela, 2,6% optaram pela categoria morena e 2,2%, pela preta. Ainda, 1,6% aderiu a outras categorias: mulata, mestiça, oriental, bege, indígena, marrom, multiétnica, não definível, afro, cor de pele, mameluca, miscelânea e rosa. Estas foram utilizadas mais de uma vez. Há ainda outras categorias que foram apenas mencionadas uma vez, e como não se repetiram foram descartadas.

Lembramos que a categoria negra, apesar de ter grande adesão dos segmentos de ativistas negros organizados em movimentos sociais, não corresponde às categorias utilizadas no Censo Demográfico realizado pelo IBGE.

TABELA 4: COR DOS ESTUDANTES	
Cor/raça categorias utilizadas nos Censos – IBGE	
Branca	58,3%
Parda	28,9%
Preta	7,6%
Amarela/oriental	4,5%
Indígena	0,7%
Total	100,0%

Fonte: Pesquisa Nirema/PUC-Rio.

Quando comparamos a Tabela 5 com a Tabela 4, que se refere às categorias utilizadas no Censo Demográfico, observamos que há uma adesão um pouco maior à categoria parda, e a classificação como "negro" tem o mesmo percentual da categoria oficial. É interessante observar que não há essa autoclassificação espontânea tão variada, como afirmam aqueles que questionam a variedade de classificação racial no país.

TABELA 5: SEM OPÇÃO DE CATEGORIA DE COR/RAÇA	
Branca	59,39%
Parda	23,16%
Negra	7,12%
Amarela	4,00%
Morena	2,58%
Preta	2,19%
Outras: mulata, mestiça, oriental, bege, indígena, marrom, multiétnica, não definível, afro, cor de pele, mameluca, miscelânea, rosa	1,56%
Total	100,00%

Fonte: Pesquisa Nirema/PUC-Rio, 2009.

Quando perguntamos "Qual é o seu estado civil?", diante das categorias utilizadas nos documentos e registros civis, quais sejam, solteiro, casado (união legal ou consensual), separado e viúvo, obtivemos 93,52% de solteiros. A considerar a idade e a escolaridade, não há dúvidas sobre esse dado. A Tabela 6 serve ao propósito de identificação do estado civil dos estudantes.

TABELA 6: ESTADO CIVIL DOS ESTUDANTES	
Solteiro	93,52%
Casado	6,15%
Separado	0,28%
Viúvo	0,05%
Total	100%

No sentido de compor as informações socioeconômicas e demográficas, perguntamos "Qual é sua religião?", e questionamos ainda sobre a condição de ser "praticante ou não praticante". A Tabela 7 apresenta grande complexidade, tanto em quantidade de denominações quanto em percentuais variados. Ainda identificamos a maior frequência entre católicos, com total de 55,5%, e há ainda 55,6% de praticantes. Como não separamos por denominação, não temos como identificar em qual religião há mais praticantes; ainda assim, cabe mencionar que religiões como "evangélica" e "protestante" podem ser agrupadas por serem formas de classificação distintas de denominações similares.

TABELA 7: RELIGIÃO DOS ESTUDANTES		
Católica	1.109	55,5%
Não possui	196	9,8%
Evangélica	165	8,3%
Protestante	150	7,5%
Espírita	121	6,1%
Cristã	81	4,1%
Ateu	74	3,7%
Agnóstico	49	2,5%
Budista	14	0,7%
Judaica	8	0,4%
Kardecista	6	0,3%
Umbanda	6	0,3%
Hinduísta	3	0,2%
Seicho-no-ie	3	0,2%
Bruxaria	2	0,1%
Islâmica	2	0,1%
Pagã	2	0,1%
Candomblé	1	0,1%
Daime	1	0,1%
Deísta	1	0,1%
Hare krishna	1	0,1%
Helênico	1	0,1%
Islâmica	1	0,1%
Olita	1	0,1%
Sul	1	0,1%
Taoísta	1	0,1%
Total	2.000	100,0%

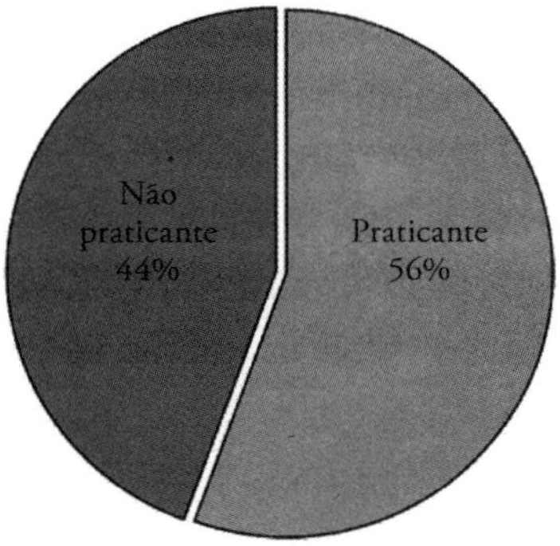

Fonte: Pesquisa Nirema/PUC-Rio.

As informações coletadas sobre religião, como demonstrado na Tabela 7, têm aspectos comuns com o Censo Demográfico de 2000. A partir da Tabela 8, podemos comprovar que o número daqueles que se autodeclaram católicos vem diminuindo a cada Censo, na proporção inversa dos protestantes. Com base em dados do IBGE, pode-se verificar na tabela anterior que, comparativamente com a pesquisa realizada, assim como indicado pelos estudantes universitários, aqueles que se declaram evangélicos e protestantes somam o total de 15,8%. O percentual encontrado entre os estudantes universitários é similar a 15,6%, como mostra a Tabela 8. A mesma equivalência pode ser percebida entre os que se declaram católicos no Rio de Janeiro, percentual menor nesse estado do que no resto do país, inferior a 60%.

TABELA 8: VARIAÇÃO DA AFILIAÇÃO RELIGIOSA POR GRUPO (%)				
RELIGIÃO	1970	1980	1991	2000
Catolicismo	91,8	89,0	83,3	73,9
Protestantismo	5,2	6,6	9,0	15,6
Sem religião	0,8	1,6	4,7	7,4
Espiritismo		0,7	1,1	1,3
Religiões afro-brasileiras		0,6	0,4	0,3
Outras religiões		1,3	1,4	1,8

Fonte: Recenseamentos demográficos do IBGE de 1970, 1980, 1991 e 2000.
Livro *Atlas da filiação religiosa e indicadores sociais no Brasil.*

No que se refere à escolaridade dos pais dos estudantes, observamos grande percentual de pais e mães com curso superior completo, como pode ser observado na Tabela 9. Destacamos que os estudantes que aderiram à categoria amarela apresentam os pais e mães com maior escolaridade, 48,1% de pais com curso superior completo e 49,1% das mães com a mesma escolaridade. Entre os estudantes que se autoclassificaram na categoria branca, 44,6% dos pais têm curso superior e 44,7% das mães estão na mesma condição. Os percentuais começam a mudar nas categorias parda e preta: dos estudantes que se autodeclararam de cor parda, 29,1% dos pais têm curso superior completo e 29,1% das mães têm a mesma escolaridade. Esses percentuais caem bastante dentre aqueles que aderiram à categoria preta: 18,5% dos pais e 16,3% das mães. Esses dados são ilustrativos do capital cultural acumulado nos distintos grupos e ajudam a desvelar as desigualdades a que estão sujeitos os distintos grupos: amarelos e brancos de um lado e pretos e pardos de outro. Quadro similar ao que foi descrito se repete quando comparamos a escolaridade global dos pais.

TABELA 9: ESCOLARIDADE DOS PAIS		
Escolaridade	Mãe	Pai
Ensino fundamental completo	8,5%	8,1%
Ensino fundamental incompleto	10,8%	11,4%
Ensino médio completo	27,1%	24,7%
Ensino médio incompleto	4,8%	5,2%
Superior completo	39,3%	39,3%
Superior incompleto	8,6%	9,3%
Nenhum ano de estudo	0,8%	0,7%
Não sei	0,1%	1,4%
Total	100,0%	100,0%

Fonte: Pesquisa Nirema/PUC-Rio.

Ainda sobre a escolaridade dos pais, os dados mencionados são semelhantes às pesquisas elaboradas pelo Instituto de Pesquisa Econômica Aplicada (IPEA, 2003). Como se pode notar no Gráfico 2, relacionado a seguir, de acordo com os indicadores educacionais, há considerável desigualdade entre aqueles autodeclarados pretos, pardos e indígenas se comparados aos brancos e amarelos (orientais). Apesar de o gráfico conter dados sobre brancos e negros (somatório de pretos e pardos), não se pode deixar de refletir sobre outros segmentos de cor.

GRÁFICO 2

MÉDIAS DE ANOS DE ESTUDO – PESSOAS COM MAIS DE 15 ANOS DE IDADE

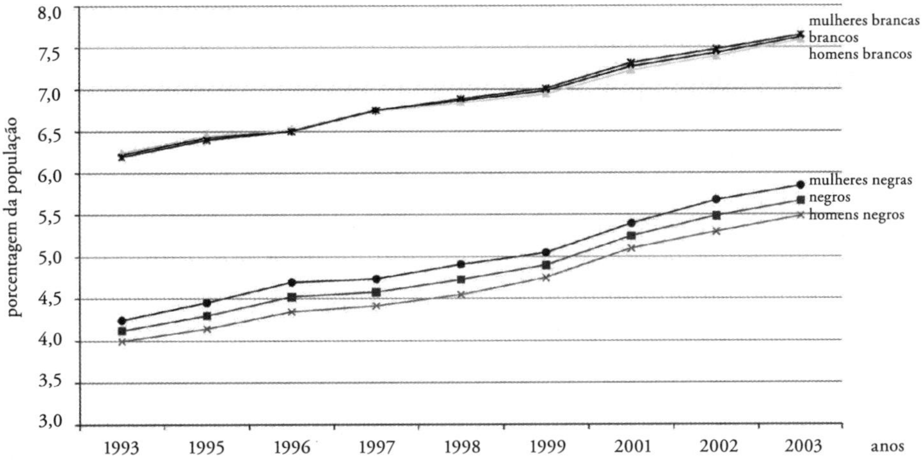

Fonte: IPEA, 2007.

Como se pode notar nesse gráfico, percebemos que os dados presentes confirmam a situação desigual existente entre brancos e negros no Brasil, no que se refere à educação. Os negros se encontram em situação de desvantagem em relação aos brancos, o que se torna notável na enorme discrepância entre os anos de estudo da população branca em relação à população negra.

TABELA 10: ESCOLARIDADE DA MÃE E COR DO ENTREVISTADO						
Escolaridade da mãe	Cor do entrevistado					
	Branca	Parda	Preta	Amarela/ oriental	Indígena	Não declarou
Nenhum ano de escolaridade	0,4%	1,0%	2,4%	0,9%	0,0%	2,8%
Fundamental incompleto	13,1%	19,3%	30,1%	9,4%	35,0%	22,2%
Fundamental completo	5,6%	7,0%	4,8%	2,8%	5,0%	5,6%

Médio incompleto	4,4%	5,6%	3,8%	3,8%	5,0%	2,8%
Médio completo	22,5%	31,8%	34,4%	21,7%	20,0%	25,0%
Superior incompleto	9,1%	6,2%	8,1%	12,3%	5,0%	2,8%
Superior completo	44,7%	29,1%	16,3%	49,1%	30,0%	38,9%
Não sabe	0,1%	0,0%	0,0%	0,0%	0,0%	0,0%
Total	100,0%	100,0%	100,0%	100,0%	100,0%	100,0%

Fonte: Pesquisa Nirema/PUC-Rio, 2009.

TABELA 11: ESCOLARIDADE DO PAI E COR DO ENTREVISTADO

Escolaridade do pai	Cor do entrevistado					
	Branca	Parda	Preta	Amarela/ oriental	Indígena	Não declarou
Nenhum ano de escolaridade	0,4%	1,0%	2,0%	1,9%	5,0%	2,9%
Fundamental incompleto	14,4%	18,0%	32,0%	9,4%	20,0%	25,7%
Fundamental completo	4,5%	7,3%	7,5%	1,9%	0,0%	5,7%
Médio incompleto	4,3%	7,5%	3,0%	4,7%	0,0%	0,0%
Médio completo	21,1%	28,0%	30,0%	19,8%	45,0%	25,7%
Superior incompleto	9,7%	7,3%	6,5%	13,2%	20,0%	5,7%
Superior completo	44,6%	29,1%	18,5%	48,1%	5,0%	34,3%
Não sabe	1,1%	1,8%	0,5%	0,9%	5,0%	0,0%
Total	100,0%	100,0%	100,0%	100,0%	100,0%	100,0%

Fonte: Pesquisa Nirema/PUC-Rio, 2009.

Os dados sobre o tema mostram como os homens negros, que têm idade superior a 15 anos, e em seguida as mulheres negras, estão incluídos na camada brasileira que possui menor tempo de estudo, ao contrário das mulheres e homens brancos, que se encontram com um nível de educação relativamente elevado. O mesmo se observa no cruzamento da escolaridade dos pais com a cor.

Sobre a participação na renda familiar, identificamos que a maior parte dos estudantes não contribui para essa renda, ou seja, são estudantes em tempo integral. Quando separados por "cor", entre os que se autodeclaram pretos, os que afirmam se autofinanciar são em proporção bem mais expressiva em relação às outras categorias de cor, como se pode notar na Tabela 12, a seguir.

TABELA 12

Cor/ IBGE	Autofinanciado	Autofinanciado e contribuinte	Chefe de família	Complementado	Financiado	Total
Branca	5,5%	5,5%	2,1%	18,4%	68,6%	100,0%
Parda	5,3%	8,3%	1,5%	14,5%	70,4%	100,0%
Preta	10,8%	9,5%	1,3%	20,3%	58,2%	100,0%
Amarela/ Oriental	6,4%	2,1%	4,3%	14,9%	72,3%	100,0%
Indígena	0,0%	0,0%	7,1%	28,6%	64,3%	100,0%
Total	5,8%	6,3%	1,9%	17,4%	68,6%	100,0%

Fonte: Pesquisa Nirema/PUC-Rio, 2009.

No que se refere ao tema da pesquisa propriamente dita, "ações afirmativas", temos informações relevantes e igualmente surpreendentes. Diante da pergunta "Você sabe o que são políticas de ação afirmativa nas universidades brasileiras?", entre todos os segmentos de cor, exceto a categoria negra, predominou a resposta negativa, como demonstra a Tabela 13, a seguir.

TABELA 13: "VOCÊ SABE O QUE SÃO POLÍTICAS DE AÇÃO AFIRMATIVA NAS UNIVERSIDADES BRASILEIRAS?"				
Cor/IBGE	Sim	Não	Não respondeu	Total
Branca	30,5%	65,9%	3,6%	100,0%
Parda	34,0%	61,9%	4,1%	100,0%
Preta	48,8%	45,0%	6,3%	100,0%
Amarela/oriental	28,4%	70,5%	1,1%	100,0%
Indígena	21,4%	64,3%	14,3%	100,0%
Não respondeu	41,9%	51,6%	6,5%	100,0%
Total	32,9%	63,2%	3,9%	100,0%

Fonte: Pesquisa Nirema/PUC-Rio, 2009.

Ainda de acordo com a Tabela 13 e com o Gráfico 3, relacionado a seguir, é possível identificar que, entre os que se autodeclaram de cor preta, há maior conhecimento do que sejam as políticas de ação afirmativa se comparado com os segmentos autodeclarados "brancos", "amarelos" e "indígenas".

GRÁFICO 3

"VOCÊ SABE O QUE SÃO POLÍTICAS DE AÇÃO AFIRMATIVA NAS UNIVERSIDADES BRASILEIRAS?"

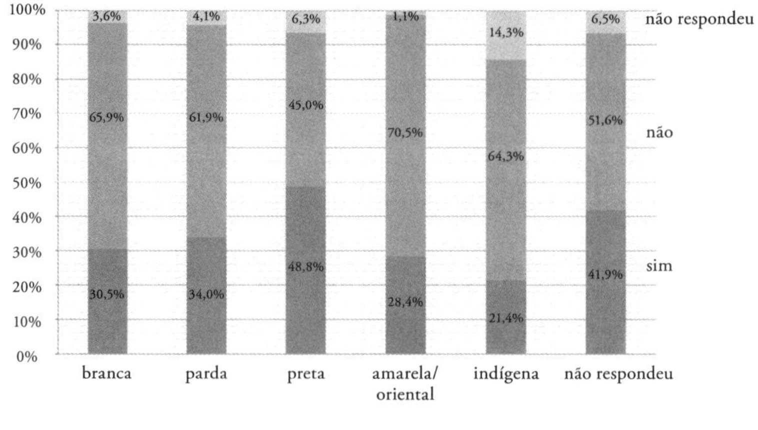

Sobre a questão "Avalie sua relação com outros alunos e com alunos da ação afirmativa", prevalecem as opções "excelente e boa" em todos os segmentos de cor. É importante observar que somente aqueles que responderam conhecer ação afirmativa responderam às perguntas sobre o relacionamento com os alunos no *campus*.

TABELA 14: AVALIE SUA RELAÇÃO COM OUTROS ALUNOS E COM ALUNOS DA AÇÃO AFIRMATIVA							
Cor/ IBGE	Excelente	Boa	Regular	Ruim	Péssima	Não respondeu	Total
	%	%	%	%	%	%	%
Branca	32,2%	55,1%	6,0%	0,4%	0,7%	5,6%	100,0%
Parda	34,8%	54,7%	5,7%	0,2%	0,8%	3,8%	100,0%
Preta	44,4%	44,4%	5,6%	0,6%	0,6%	4,4%	100,0%
Amarela/ oriental	18,9%	65,3%	5,3%	2,1%	0,0%	8,4%	100,0%
Indígena	28,6%	42,9%	14,3%	0,0%	7,1%	7,1%	100,0%
NR	45,2%	54,8%	0,0%	0,0%	0,0%	0,0%	100,0%
Total	33,4%	54,6%	5,8%	0,4%	0,7%	5,1%	100,0%

Fonte: Pesquisa Nirema/PUC-Rio, 2009.

Como se pode comprovar, sobre o tema mencionado anteriormente, as Tabelas 14 e 15 trazem informações relevantes sobre como não há diferença significativa em termos percentuais entre a avaliação positiva entre alunos que se autoclassificam como sendo de cor "branca", "parda", "preta", "amarela" e "indígena".

Ainda assim, a maior variação está entre aqueles que se autodeclaram de cor preta e indígenas, sobretudo entre os indígenas, pois 7,1% afirmam avaliar a relação com outros alunos de ação afirmativa como sendo "ruim".

TABELA 15: AVALIE SUA RELAÇÃO COM OUTROS ALUNOS						
Cor/IBGE	Excelente	Boa	Regular	Ruim	Péssima	Total
Branca	31,3%	61,1%	7,4%	0,1%	0,2%	100,0%
Parda	31,5%	59,6%	8,0%	0,5%	0,3%	100,0%

Preta	40,1%	51,0%	7,0%	1,3%	0,6%	100,0%
Amarela/oriental	20,0%	70,5%	9,5%	0,0%	0,0%	100,0%
Indígena	23,1%	69,2%	0,0%	7,7%	0,0%	100,0%
Total	31,4%	60,4%	7,6%	0,3%	0,2%	100,0%

Fonte: Pesquisa Nirema/PUC-Rio, 2009.

Mas chama a atenção como os alunos avaliam as relações com os outros alunos como sendo "excelente e boa", e em todas as classificações, os percentuais estão em torno de 90%.

A pergunta seguinte foi: "Como você avalia sua relação com os professores?". Diante dessa pergunta, novamente obtivemos respostas positivas, como se pode notar a partir da Tabela 16, relacionada a seguir.

TABELA 16: AVALIE SUA RELAÇÃO COM OS PROFESSORES							
Cor/IBGE	Excelente	Boa	Regular	Ruim	Péssima	Não respondeu	Total
	%	%	%	%	%	%	%
Branca	17,9%	66,9%	0,8%	12,6%	0,5%	1,2%	100,0%
Parda	17,2%	68,0%	1,3%	12,2%	0,0%	1,3%	100,0%
Preta	27,5%	55,6%	0,6%	12,5%	1,3%	2,5%	100,0%
Amarela/ oriental	6,3%	64,2%	1,1%	28,4%	0,0%	0,0%	100,0%
Indígena	28,6%	50,0%	0,0%	7,1%	7,1%	7,1%	100,0%
Não respondeu	22,6%	71,0%	0,0%	6,5%	0,0%	0,0%	100,0%
Total	18,1%	66,2%	0,9%	13,1%	0,4%	1,3%	100,0%

Fonte: Pesquisa Nirema/PUC-Rio, 2009.

Como se pode notar, também quando questionados sobre as "relações com os professores" não há discrepância entre os autodeclarados "pretos" e brancos e pardos. Mais uma vez, chama a atenção a avaliação "ruim", de 7,1%, dos que se autodeclararam indígenas e de 28,4% dos que se autodeclararam orientais.

Quando questionados sobre as "relações com os funcionários da universidade", ocorre algo similar ao notado nas tabelas anteriores, não havendo diferença significativa com a avaliação "excelente" e "boa" para os alunos autodeclarados de cor "branca", "parda", "preta" e "amarela". Entre os autodeclarados "indígenas" há o maior percentual que avalia as relações com os funcionários das universidades como sendo "regular" e "ruim". Ainda assim, os percentuais não são muito elevados.

TABELA 17: AVALIE SUA RELAÇÃO COM OS FUNCIONÁRIOS NO CURSO E NA UNIVERSIDADE

Cor/IBGE	Excelente	Boa	Regular	Ruim	Péssima	Não respondeu	Total
	%	%	%	%	%	%	%
Branca	19,7%	64,4%	13,7%	0,8%	0,3%	1,0%	100,0%
Parda	17,2%	64,0%	15,3%	1,5%	0,7%	1,3%	100,0%
Preta	28,1%	55,0%	12,5%	0,6%	1,9%	1,9%	100,0%
Amarela/ oriental	6,3%	67,4%	25,3%	1,1%	0,0%	0,0%	100,0%
Indígena	28,6%	50,0%	7,1%	7,1%	0,0%	7,1%	100,0%
NR	22,6%	67,7%	9,7%	0,0%	0,0%	0,0%	100,0%
Total	19,2%	63,7%	14,5%	1,0%	0,5%	1,1%	100,0%

Fonte: Pesquisa Nirema/PUC-Rio, 2009.

Apesar de grande parte dos entrevistados não saber o que são políticas de ação afirmativa, ao serem questionados sobre ser "contra" ou "a favor", entre aqueles que responderam positivamente prevalece a opinião favorável, e entre todos os segmentos de cor, como pode ser observado na Tabela 18.

TABELA 18: OPINIÃO

Cor/IBGE	A favor	Contra	Total
Branca	52,0%	48,0%	100,0%
Parda	71,3%	28,7%	100,0%

Preta	89,0%	11,0%	100,0%
Amarela/oriental	50,0%	50,0%	100,0%
Indígena	66,7%	33,3%	100,0%
Total	62,1%	37,9%	100,0%

Fonte: Pesquisa Nirema/PUC-Rio, 2009.

Ainda sobre o tratamento recebido por "brancos e negros", pode-se observar a diferença entre a percepção na universidade e na sociedade brasileira, como se pode notar na Tabela 19, relacionada a seguir.

TABELA 19: VOCÊ ACHA QUE NEGROS E BRANCOS SÃO TRATADOS DE FORMA DIFERENTE NA SOCIEDADE BRASILEIRA?				
Cor/IBGE	Sempre/ quase sempre	Às vezes	Quase nunca/ nunca	Total
Branca	41,9%	51,4%	6,7%	100,0%
Parda	51,2%	44,4%	4,3%	100,0%
Preta	68,2%	28,7%	3,2%	100,0%
Amarela/ oriental	45,3%	46,3%	8,4%	100,0%
Indígena	46,2%	53,8%	0,0%	100,0%
Total	46,7%	47,6%	5,7%	100,0%

Fonte: Pesquisa Nirema/PUC-Rio, 2009.

Esse quadro muda totalmente quando a pergunta se restringe à universidade. Como pode ser observado na pergunta "Em relação à universidade mais especificamente, você acha que negros e brancos são tratados de forma diferente?", a tendência dos entrevistados foi de sentir menos discriminação e racismo na universidade do que na sociedade como um todo, como se vê na próxima tabela.

TABELA 20: EM RELAÇÃO À UNIVERSIDADE MAIS ESPECIFICAMENTE, VOCÊ ACHA QUE NEGROS E BRANCOS SÃO TRATADOS DE FORMA DIFERENTE?				
Cor/IBGE	Sempre/ quase sempre	Às vezes	Quase nunca/ nunca	Total
Branca	15,6%	35,7%	48,7%	100,0%
Parda	15,1%	47,7%	37,1%	100,0%
Preta	27,7%	41,3%	31,0%	100,0%
Amarela/ oriental	15,8%	42,1%	42,1%	100,0%
Indígena	23,1%	46,2%	30,8%	100,0%
Total	16,5%	40,0%	43,6%	100,0%

Fonte: Pesquisa Nirema/PUC-Rio, 2009.

Ainda que aqueles estudantes que se autodeclararam negros ou indígenas tenham um percentual maior sobre a existência de racismo na universidade, e os brancos e orientais tenham respondido predominantemente "quase nunca", é interessante observar que o tratamento diferenciado para negros na universidade se reverte quando comparado às respostas sobre a sociedade mais ampla. Tudo se passa como se houvesse racismo na sociedade "distante", não havendo na "universidade", o lugar "próximo" aos estudantes. Esses dados também contradizem o receio daqueles que veem maior racismo no *campus* com a chegada dos alunos beneficiários de políticas de ação afirmativa.

As informações geradas no período que compreendeu os trinta meses da pesquisa apontam que, apesar do intenso debate público veiculado nos meios de comunicação sobre políticas de ação afirmativa nas universidades, ainda há muito desconhecimento do alcance, dos tipos e até mesmo do significado e beneficiários de políticas de ação afirmativa. Durante a coleta de dados, diante do formulário da pesquisa os estudantes insistiam em consultar o pesquisador e até os colegas sobre o significado dos termos "políticas de ação afirmativa". No entanto, quando questionados sobre "cotas", eles reconhecem, principalmente, as chamadas "cotas raciais".

É justamente na busca de políticas públicas apropriadas para auxiliar no acesso e permanência da população negra nas universidades que se coloca a proposta de políticas de ação afirmativa. Nos dias atuais, apesar do grande número de universidades que implantaram ações afirmativas, e ainda dentro do grupo de estudantes que se autodeclararam como "negros" (pretos e pardos), há desconhecimento da abrangência de tais políticas. Tanto assim que, apesar de haver seis tipos de políticas de ação afirmativa, como se pode notar no artigo intitulado "Ações afirmativas nas universidades públicas: o que dizem os editais e manuais", deste livro, os estudantes conhecem em maior grau o termo "cota", e cota é apenas um instrumento dentre tantos que estão sendo implementados. Chama a atenção, sobretudo, que, entre os estudantes universitários que estudam em universidades com algum tipo de ação afirmativa, muitos desconhecem os diferentes tipos de ação afirmativa que estão em vigor nas universidades em que estudam.

Diante do exposto, propomos os seguintes questionamentos: por que a cota é reconhecida, e não as outras políticas? O que significa a ausência de referência aos termos "políticas de ação afirmativa" por parte dos estudantes? Entre os estudantes encontramos aqueles que conhecem e são favoráveis às ações afirmativas, mas um expressivo número de estudantes conhece e é contrário. Entre estes, a maioria é formada por não beneficiários. Entre os beneficiários, a maioria é favorável às ações afirmativas, mas ainda assim encontramos o percentual de 6% formado por beneficiários que se opõem a tais políticas. Apesar de a pergunta se destinar a investigar se o estudante é a favor ou contra as políticas de ação afirmativa, as opiniões refletem toda a ambivalência e ambiguidade da temática. Quando foram pedidos para escreverem sua opinião logo após a questão de alternativa fechada, as opiniões dadas como forma de completar essa pergunta compreendem os seguintes argumentos favoráveis: 1. reparação histórica; 2. inclusão social; 3. ascensão social; 4. Diversidade – opções que favorecem o conhecimento da problemática. Entre os argumentos contrários, encontramos: 1. o vestibular como forma universal de acesso à universidade; 2. aumento do racismo, discriminação e preconceito; 3. queda da qualidade de ensino; 4. impossibilidade econômica de manutenção dos estudantes – argumentos que se assemelham àqueles veiculados na grande mídia. E ainda há, em menor número, respostas ambíguas e ambivalentes, que podem atender aos dois grupos de argumentos contrários ou favoráveis às ações afirmativas.

Diante dos dados coletados, torna-se possível afirmar que o termo "cota" é associado ao conjunto de políticas de ação afirmativa. Constatamos ainda que, ao considerar como as políticas de ação afirmativa vêm sendo implementadas na sociedade brasileira na última década, o reconhecimento do termo "cota" pode estar relacionado ao dado empírico de que este é de fato e de direito o tipo de ação afirmativa adotado em grande parte das universidades brasileiras. Cotas como políticas de ação afirmativa se constituem na maior parte das universidades como sendo "reserva de vagas" que podem ser preenchidas ou não, à medida que os candidatos habilitados são aprovados nos vestibulares. Ao se considerarem as "cotas" apenas como possibilidade, o termo "reserva" seria mais pertinente, por se referir, descritivamente, à habilitação do candidato, o que não implica necessariamente sua aprovação no vestibular.

Considerações finais

Estamos diante da dificuldade do reconhecimento da categoria "ação afirmativa" como política social associada a direito assegurado como princípio constitucional (Gomes, 2002), posto que a categoria "cotas" tornou-se sinônimo de "políticas de ação afirmativa". Diante do exposto é possível afirmar que há diferentes significados para "cotas" e, sobretudo, como bem assinalou Mariza Corrêa (1996), sobre a utilização da categoria "mulato", também a categoria cota está sendo utilizada como categoria "nativa" e "analítica" simultaneamente, no campo acadêmico, nos dias atuais. Sobre essa alternância de significado só há uma recomendação a fazer: pesquisas empíricas e ampla revisão bibliográfica.

Tomo as palavras citadas como referência para explicar o título do presente artigo, pois, ao considerar o debate atual sobre ação afirmativa, torna-se possível relacionar o que foi a categoria "mulato" nas décadas anteriores com o que acontece com a categoria "cotas" na presente década, no que concerne ao campo de estudos de antropologia e sociologia afro-brasileira. As duas categorias estão imbricadas de contradições e ambivalências, transições e mudanças, e ainda são utilizadas para descrever e analisar dados empíricos.

Diante de tal quadro, cabe questionar a que se deve essa mudança. Em 2004, ao concluir minha tese de doutorado e questionando o que estava mudando com relação ao primeiro ano da implementação da política de ação afirmativa na Universidade do Estado do Rio de Janeiro, afirmei que o efeito imediato da lei de cotas para negros e pardos residiu na instituição da "figura jurídica do negro", ocasionando, pela primeira vez, desde a Proclamação da República, uma "mudança" nos termos da lei (Monteiro, 2003, e Fry, 2005).

Como isso poderia afetar, ou não, o futuro das relações raciais na universidade e no país, naquele momento, eu não tinha resposta. Hoje, passados cinco anos, mesmo considerando que estamos longe de uma resposta definitiva, arrisco afirmar que estamos diante de uma mudança, sobretudo, retórica. E, nesse sentido, não só a categoria "negro" adquiriu *status* de figura jurídica, mas também a categoria "cota" se tornou parte constitutiva da retórica sobre políticas de ação afirmativa.

A "retórica" a que me referi em 2004, e continuo a me referir em 2009, tem inspiração no texto de autoria de Vincent Crapanzano, publicado no livro *Raça como retórica: a construção da diferença*, organizado por Yvonne Maggie e Claudia Rezende. No texto "Estilos de interpretação e a retórica de categorias sociais", Crapanzano (2001) estabeleceu os parâmetros que inspiraram a minha interpretação. O autor, ao comparar "raça e etnicidade" em diferentes sociedades, mostrou como a "comparação" pode escamotear o significado das "categorias sociais". Refletindo basicamente sobre os Estados Unidos e o Brasil, mostrou o que pode ser a falácia da "interpretação" comparativa, uma vez que as categorias, ainda que sejam as mesmas, correspondem a diferentes "sistemas de classificação". Assim, faço uso aqui do que Crapanzano define como estilo "literalista", fundamentado no "dualismo" e no "essencialismo", e estilo "retórico", que enfatiza o "jogo solto e fluido" e o "arranjo político". Segundo o autor, os arranjos literais se apoiam no modelo relativo à sociedade americana e o estilo retórico é mais apropriado à sociedade brasileira.

A partir do exposto, cabe informar como a bibliografia sobre o tema de políticas de ação afirmativa, assim como as diferentes análises dos processos de implantação das políticas de ação afirmativa nas universidades brasileiras, tem se detido na história recente sobre a adoção de políticas públicas, além de buscar mapear as opiniões "contra e/ou a favor", as ações jurídicas e os manifestos de intelectuais.[3]

O presente artigo teve por finalidade apresentar dados relativos aos estudantes que estão nas universidades públicas brasileiras com algum tipo de ação afirmativa, com vistas a documentar e analisar o presente momento e ainda identificar os possíveis rumos que tais políticas irão tomar. No entanto, deve-se observar que este texto abordou parte dos dados coletados e que, em setembro de 2009, foi iniciada a segunda parte da pesquisa. Assim sendo, foi nosso objetivo trazer uma primeira contribuição para a compreensão da complexidade do tema, e pretendemos em breve ter mais dados e análises que auxiliem na compreensão dos significados da dinâmica das ações afirmativas na sociedade brasileira.

Referências bibliográficas

CORRÊA, M. Sobre a invenção da mulata. *Cadernos Pagu*, Campinas, n. 6-7, p. 35-50, 1996.

FRY, P. *A persistência da raça*: ensaios antropológicos sobre o Brasil e a África Austral. Rio de Janeiro: Civilização Brasileira, 2005, 348 p.

GOMES, J. B. B. O debate constitucional sobre as ações afirmativas. Disponível em: <www.mundojuridico.com.br>, jul. 2002.

MACHADO, E. A. *Desigualdades raciais e ensino superior*: um estudo sobre a introdução das leis de reserva de vagas para egressos de escolas públicas e cotas para negros, pardos e carentes na Universidade do Estado do Rio de Janeiro. Tese (Doutorado), Programa de Pós-graduação em Sociologia e Antropologia/IFCS, Universidade Federal do Rio de Janeiro – UFRJ, Rio de Janeiro, 2004.

MAGGIE, Y.; REZENDE, C. B. (orgs.). *Raça como retórica*: a construção da diferença. Rio de Janeiro: Civilização Brasileira, 2001, 460 p.

3. Um grupo de intelectuais, sindicalistas, empresários e ativistas de movimentos negros entregou, em 30 de maio de 2008, ao presidente do STF (Supremo Tribunal Federal), Gilmar Mendes, o manifesto "113 cidadãos antirracistas contra as leis raciais". O texto pede a suspensão das cotas para negros nas universidades. Há também o "Manifesto em favor da lei de cotas e do estatuto da igualdade racial aos/às deputados/as e senadores/as do Congresso Brasileiro", assinado por 2.407 professores universitários, estudantes, militantes e trabalhadores.

MINTZ, S.; PRICE, R. *O nascimento da cultura afro-americana*. Rio de Janeiro: Pallas/CEAB-Ucam, 2003.

MONTEIRO, F. D. *Retratos em preto e branco, retratos sem nenhuma cor*: a experiência do disk-racismo da Secretaria de Segurança Pública do Estado do Rio de Janeiro. Dissertação (Mestrado em Sociologia), Universidade Federal do Rio de Janeiro – UFRJ, Rio de Janeiro, 2003.

NEVES, P. S. da C. Luta anti-racista: entre reconhecimento e redistribuição. *Revista brasileira de Ciências Sociais*, São Paulo, v. 20, n. 59, out. 2005.

PETRUCCELLI, J. L. Classificação de cor e ações afirmativas. *Advir*, Rio de Janeiro, v. 19, n. 3, p. 19-22, 2005.

Sites consultados

http://www.inep.gov.br/download/superior/censo/2007/Sinopse2007.zip. Acesso em: set. 2009.

http://www.inep.gov.br/imprensa/noticias/censo/superior/news09_01.htm. Acesso em: set. 2009.

http://www.ipea.gov.br/TemasEspeciais/retrato_das_desigualdades_texto_lancamento.pdf. Acesso em: dez. 2007.

MUDANÇA NO *CAMPUS*: FALAM OS GESTORES DAS UNIVERSIDADES COM AÇÃO AFIRMATIVA

Angela Randolpho Paiva e *Lady Christina de Almeida*[1]

Introdução

Quando fomos a campo para ouvir os gestores que estavam, de alguma forma, ligados à implantação das políticas de ação afirmativa em suas universidades, ficou logo evidente a mudança em curso presente nas universidades públicas do país. Como foi ouvida uma amostra representativa das 63 universidades que adotaram algum tipo de política, ou seja, dez universidades federais e estaduais das cinco regiões do país, pode-se dizer que as políticas de ação afirmativa (AA) chegaram trazendo questões novas no que concerne ao ensino superior, estando mesmo em andamento uma revisão da própria concepção da função da universidade pública brasileira. Além disso, ficou patente o caminho inexorável para sua implantação, pois, ao longo dos dois anos da realização da pesquisa, entre 2006 e 2008, houve um acréscimo sustentado das instituições que vêm adotando ações afirmativas. Se até 2005 eram 27 universidades estaduais e federais, em outubro de 2008, momento de finalização da pesquisa de campo, elas eram 63.[2]

1. Angela Randolpho Paiva é coordenadora-geral da pesquisa, doutora em Sociologia pelo Iuperj, professora e pesquisadora do Departamento de Sociologia e Política da PUC-Rio. Lady Christina de Almeida é pesquisadora do Nirema e mestranda em Ciências Sociais pela PUC-Rio.

2. A presente análise para em outubro de 2008 e hoje já são mais universidades que adotaram algum tipo de política. Ver o capítulo de Elielma Machado e Fernando Pinheiro, neste livro, que analisa os editais e mostra esse aumento regular até agosto de 2009. Agradecemos a Luisa Schwartzman as observações valiosas feitas ao texto.

O presente artigo pretende apresentar as reflexões e percepções dos gestores e professores entrevistados nas universidades pesquisadas. É a parte qualitativa do projeto de pesquisa mais amplo "Monitoramento e acompanhamento das políticas de ação afirmativa nas universidades públicas brasileiras". Essa pesquisa com os gestores buscou compreender o processo de implantação das políticas de ação afirmativa nas universidades públicas brasileiras, feita a partir da avaliação dos próprios profissionais que ocupavam postos estratégicos no momento inicial de tais políticas, estando, portanto, envolvidos em sua adoção. Foi um momento importante para captar o registro daqueles que têm (ou tinham) como função administrar a implantação em si, com seus problemas, questionamentos ou ausência de informação acerca das novas medidas. Além do mais, esses gestores/professores tinham a tarefa de receber esses "novos" alunos no *campus*, pois a grande maioria dos entrevistados exercia funções administrativas, como coordenador de graduação, reitor ou pró-reitor. Além do desafio em si que as novas políticas impunham nas suas respectivas instituições, tinham de lidar com todas as pressões favoráveis e contrárias às medidas, tanto internas quanto externas.

O debate sobre as políticas de ação afirmativa tem se limitado a discutir a adoção de "cota" no país, mas, na realidade, esta é *uma* das medidas das políticas de ação afirmativa. Joaquim Barbosa Gomes (2001) salienta que a desinformação sobre o tema fez com que o debate tenha se iniciado no Brasil de maneira equivocada, confundindo ação afirmativa com sistema de cotas. Ele aponta ainda que, qualquer que seja sua natureza, as políticas de ação afirmativa vão sempre significar profundos debates na esfera pública, uma vez que provocam mudanças estruturais no consenso logrado, pois visam à "efetiva igualdade de oportunidades a que todos têm direito" (p. 41), evitando que a discriminação, seja de gênero, raça, cor ou origem social, se perpetue. Ainda segundo o autor, elas vêm para questionar a "neutralidade estatal", que tem se revelado um "formidável fracasso" em um país que manteve grupos em situação histórica de subalternidade.[3]

3. O autor faz uma comparação com políticas de ação afirmativa implantadas em outros países, especialmente nos Estados Unidos, país que adota políticas de ação afirmativa desde a década de 1970. Para uma análise jurídica das convenções internacionais sobre a eliminação das formas de racismo, ratificadas pelo Brasil, ver Piovesan (2008), que analisa o Direito brasileiro e a implantação de políticas na universidade.

O que fica claro no que vai ser apresentado a seguir é o modo *sui generis* de políticas em cada uma das universidades visitadas, havendo uma confluência de fatores que operaram a mudança em cada *campus*, ao mesmo tempo em que denotam um momento especial da realidade nacional no que se refere aos questionamentos acerca do acesso ao ensino superior brasileiro. A proposta da presente análise é demonstrar a extensão, compreender a complexidade e a dinâmica das políticas de ação afirmativa nas universidades visitadas, e como seus respectivos gestores e professores lidam com tal processo. Mas antes cabem algumas considerações para que se compreenda como essa mudança em curso representa um "fato social", como descreveria Durkheim, e pede, portanto, um olhar atento para sua interpretação.

Gênese das mudanças

Os professores/gestores, na realidade, estão respondendo às demandas de diversas origens que vão confluir para a reivindicação por mudança no que se refere ao acesso às universidades públicas do país para aqueles que historicamente tiveram seu acesso negado. Na realidade, essa história começa mais concretamente na década de 1990, quando se inicia o debate sobre ação afirmativa no Brasil, com destaque para alguns momentos relevantes. Em julho de 1996, no governo Fernando Henrique Cardoso, o Ministério da Justiça, na esteira da criação de um Plano Nacional dos Direitos Humanos, organizou um seminário internacional sobre "Multiculturalismo e racismo: o papel da ação afirmativa nos Estados democráticos contemporâneos", reunindo acadêmicos que há tempos pensavam a questão das relações raciais no Brasil, no esforço de se organizar uma reflexão qualificada visando a propostas que fizessem face à crescente demanda do movimento negro.[4] Foi a primeira vez que o governo brasileiro admitiu discutir políticas públicas específicas voltadas para negros, e foi um momento importante, uma vez que o então chefe de governo reconhecia, pela primeira vez, a existência de racismo, algo inusitado, e que abriu caminho para demandas mais específicas dos movimentos sociais que se organizaram em torno das questões ét-

4. Cabe lembrar que esse seminário se realiza no ano seguinte da marcha de 300 anos de Zumbi dos Palmares, realizada em Brasília em 1995, em uma ação concertada do Movimento Negro.

nicas. Como consequência, começaram a ser pensadas, ainda de forma incipiente, as primeiras medidas de ação afirmativa em alguns ministérios.[5]

Além da atuação do Executivo, havia projetos de lei no Legislativo que traziam a questão das relações raciais no país, a denúncia do racismo e a maneira de enfrentar a desigualdade aí existente com projetos de ação afirmativa. Desde os projetos de lei da senadora Benedita da Silva e do senador Abdias do Nascimento, passando pelos projetos que enfrentam a questão da prática do racismo, como a Lei Paim, aprovada em 1997, e que define os crimes resultantes de preconceito de raça ou de cor e os tornam inafiançáveis, até os vários projetos de ação afirmativa que começaram a surgir no Congresso ou nos Legislativos estaduais e que resultaram na implementação das primeiras políticas no Estado do Rio de Janeiro.[6]

Assim, "ação afirmativa" entra na pauta política nacional, agora voltada para a questão das desigualdades raciais. Corroborando essa discussão, vai ser importante outro ponto, ainda durante o governo de Fernando Henrique Cardoso: a divulgação de análises feitas pelo IPEA que apontavam para a desigualdade racial do país. Estudos socioeconômicos produzidos por esse órgão governamental mostraram de forma contundente a desigualdade no que diz respeito ao acesso ao ensino superior pelo corte de raça, assim como as desigualdades da interseção entre raça e gênero no que se refere à renda e escolaridade. Esses novos dados, produzidos a partir de 1999 pelo IPEA e corroborados pelo Censo Nacional de 2000, foram decisivos para desvelar as desigualdades raciais no que se refere à educação e renda e provocaram as discussões internas que começaram a ocorrer nas universidades públicas a partir de então, como registraram vários dos entrevistados.[7]

5. No livro organizado por Jessé Souza, *Multiculturalismo e racismo*, há 19 artigos que versam sobre ação afirmativa, desigualdade racial, racismo e o desafio do multiculturalismo no Brasil, alguns em uma perspectiva comparada com os Estados Unidos. Ver, ainda, a análise de Edward Telles (2003), que aponta a importância dessa conferência para uma nova pauta que se colocou em termos de políticas públicas para o acesso ao ensino superior.

6. Ver as análises de Jaze Bernardino (2002) e Heringer (2004) para as discussões em curso na década de 1990, tanto no Legislativo quanto no Executivo. Para a discussão dos vários projetos de lei no Rio de Janeiro, anteriores à implementação das cotas na UERJ e UENF, ver a tese de doutorado de Elielma Machado, de 2004.

7. Ver, por exemplo, o texto de Ricardo Henriques (2001), "Raça e gênero nos sistemas de ensino". A produção desses dados não é nova. Carlos Hasenbalg e Nelson do Valle já o haviam feito desde a década de 1970, mas a veiculação dos dados do IPEA na mídia e nos movimentos sociais só

A discussão sobre a desigualdade racial foi retomada com força um pouco mais tarde, em 2001, ano da "Conferência Internacional contra o Racismo, a Discriminação, a Xenofobia e a Intolerância", realizada em Durban, África do Sul, quando o movimento negro encontra um foco para suas demandas. Pode-se dizer que Durban estimulou a organização das diversas associações e movimentos sociais, que tinham como objetivo a busca de maior igualdade racial, a fazerem uma agenda específica para a sua presença na Conferência, com muita participação das organizações de base. Houve então forte movimentação na esfera pública, visto que os movimentos sociais se organizaram e pautaram demandas efetivas de políticas públicas. E políticas de ação afirmativa se transformaram em uma das bandeiras de sua ação coletiva. Foi o início de uma discussão que culmina em Durban, quando o Brasil volta signatário de um compromisso de buscar meios para diminuir a desigualdade racial do país, e as políticas de ação afirmativa, objeto de grandes debates na Conferência, foram pensadas como um dos caminhos para se buscar a promoção de maior igualdade racial. Assim, o reconhecimento da existência de racismo, a organização em torno de Durban e a ação coletiva dos movimentos negros foram três fatores importantes para o que ocorreu no início da década de 2000, quando as políticas de ação afirmativa passam a se tornar realidade nas universidades públicas brasileiras.[8]

O que acontece a partir de 2002 está ligado, porém, a outro movimento em curso de grande intensidade, surgido na década de 1990, que é a preparação mínima de um expressivo contingente de "jovens e carentes" para a competição no vestibular. Os pré-vestibulares "comunitários" de diversas orientações vão possibilitar a alternativa possível à dura competição que é o vestibular para grupos que sequer podiam pensar no ensino superior como uma escolha. Não só esse contingente começa a se qualificar minimamente, como também se mobiliza em torno de demandas específicas de políticas de AA. Além da ação específica da organização desses cursos, militantes de movimentos sociais foram fundamentais para o pedido de políticas mais efetivas

---

reforça o que está sendo enfatizado acerca da confluência virtuosa de vários fatores na década de 1990 no país. Agradecemos a Luisa Schwartzmann essa observação.

8. Para uma excelente análise desse momento, ver Edward Telles (2003).

de inclusão dos negros na universidade. O Educafro, por exemplo, protagonizou cenas por todo o país pedindo cotas para negros nas universidades.[9]

Correndo o risco de simplificar bastante esta discussão, pode-se dizer que a década de 1990 foi o momento de confluência de vários fatores que vão resultar nas demandas específicas colocadas em pauta. É o processo de redemocratização em curso, quando atores importantes da sociedade civil, sejam nos movimentos associativos, nos movimentos sociais ou ainda nas várias organizações não governamentais de diversos matizes, trazem uma "radicalidade" do conceito de cidadania, como descreve Dagnino (1994), àqueles atores que se recusam a permanecer nos postos subalternos ocupados até então. Vale dizer, é a emergência de "sujeitos sociais ativos" que não mais aceitam apenas o reconhecimento formal de direitos pelo Estado e vão atuar no espaço público de forma inovadora para afirmar novas reivindicações.

Em 2003, já no governo Lula, todas essas demandas pela promoção de igualdade racial vão ser materializadas na criação da Seppir – Secretaria de Políticas de Promoção da Igualdade Racial –, em um esforço de se pensarem políticas transversais de fomento à igualdade racial. A questão da desigualdade racial fica, assim, reconhecida institucionalmente.

O debate no campo político brasileiro sobre ação afirmativa vem sendo objeto de grande polêmica, pois gira em torno da questão das melhores políticas públicas, as universais, aquelas baseadas no mérito do desempenho acadêmico no exame de admissão ao ensino superior, ou as particulares, que são pensadas como superação das desigualdades estruturais, em especial as raciais. Essa controvérsia não só impede um avanço de medidas institucionais para sua implantação, como também impossibilita uma discussão mais profunda sobre a melhor política, o percentual mais apropriado, ou ainda o tempo necessário para que sua adoção possa realmente intervir na estrutura desigual a ser combatida para que essas desigualdades comecem a ser minimizadas. Segundo Brito (1999), de modo geral, os opositores às políticas de

9. Estamos chamando aqui de "comunitários" todos aqueles pré-vestibulares que foram organizados na década de 1990, como o Pré-vestibular para Negros e Carentes (PVNC) ou o Educafro, e todos aqueles que se estruturam seguindo a mesma característica de trabalho organizado a partir de determinada comunidade nas periferias ou favelas. Cabe registrar que esses cursos comunitários têm mais importância nos grandes centros urbanos, onde as escolas públicas de ensino básico apresentam uma deterioração maior de seu ensino, quando comparadas às cidades de médio porte. Mas essa é uma discussão que foge ao escopo da presente análise.

ação afirmativa defendem políticas universalistas, de combate à pobreza, e creem que a questão racial brasileira estará resolvida com as políticas universalistas, uma vez que o problema brasileiro seria estritamente social. Aqueles que são favoráveis rebatem esses argumentos, demonstrando os dados estatísticos de pesquisas recentes, feitas pelos órgãos governamentais mencionados, que apontam para as persistentes desigualdades raciais. Por isso, defendem políticas particularistas e focalizadas naqueles segmentos historicamente discriminados.

Dessa forma, é intenso o debate sobre as "cotas" para "negros" no país, não apenas na mídia, mas também nos meios acadêmicos. Pode-se mesmo dizer que a presente discussão é o que Habermas (1999) propõe como a condição indispensável para o "agir comunicativo" nas sociedades democráticas. Porque é na esfera pública, transformada em espaço discursivo para atores autônomos que se organizam em novos padrões de socialização, ou seja, em organizações ou movimentos sociais em torno de demandas específicas, que as questões são colocadas, e que têm como marca a demanda por mudanças.

Em 2006, houve um excelente exemplo da controvérsia apontada por Joaquim Barbosa, sempre que uma mudança estrutural é discutida: houve o manifesto contra as cotas raciais, publicado em junho de 2006 e assinado por acadêmicos e personalidades de expressão de várias esferas da sociedade, que critica as classificações estatísticas raciais, alegando, dentre outros argumentos, o grande perigo de essas classificações serem transformadas em identidades raciais. Logo depois, foi publicado outro manifesto, assinado igualmente por vários acadêmicos e representantes de movimentos sociais, que defende a urgência de se tratar a desigualdade racial nas universidades públicas do país com medidas afirmativas.[10]

Desde então, tem sido intenso o debate entre aqueles que são contrários e aqueles que são favoráveis. Foram publicados, ainda, livros de ambas as correntes, que procuram organizar os principais argumentos destas. Em linhas gerais, o principal argumento contrário é o risco de se "racializarem"

10. Ver "Direitos, desigualdade e ação afirmativa" (Paiva), texto apresentado na Anpocs em 2006 para a análise dos principais argumentos. Essa é uma análise complexa, que foge ao escopo do presente texto.

as relações sociais do Brasil, impossível em um país fortemente miscigenado.[11] Em contrapartida, aqueles que argumentam a favor da ação afirmativa ressaltam o processo crônico e cumulativo de desvantagem dos negros e índios, sendo necessária a garantia de medidas de igualdade de oportunidade para os grupos etnicamente subordinados.[12] Nessa discussão, várias questões complexas emergem: a proporcionalidade das políticas de ação afirmativa, o critério de seleção quanto à classificação racial, a legitimidade da política adotada em cada universidade, além da preocupação com a racialização do *campus* ou a questão do mérito, dentre outras.

Mas não é intenção do presente trabalho entrar nessa polêmica, pois o campo pesquisado vai além da questão dos cotistas negros e revela a dinâmica do processo em curso. Portanto, não se trata de fazer um julgamento de valor acerca das políticas pensadas em cada uma das universidades, mas, sim, de registrar a *complexidade* de sua implantação e o *impacto* causado com sua chegada. Foi nessa perspectiva que essa parte da pesquisa se direcionou: captar a percepção dos gestores e professores das universidades pesquisadas que ocupavam postos estratégicos no momento em que essas instituições de ensino implantaram algum tipo de política. Espera-se poder mostrar a riqueza das reflexões feitas por esses profissionais, que ajudam a entender em parte a razão de tanta polêmica, uma vez que elas lidam com visões arraigadas na definição do que seja o ensino superior no país no tocante ao mérito, ao desempenho acadêmico e à resistência à mudança no meio universitário. E se essa discussão está muito centrada na questão da "cota" para "negro", o que a pesquisa vai tornar evidente é que este não é sequer o público-alvo predominante, uma vez que é o aluno egresso da escola pública o grupo mais beneficiado.

11. Ver a publicação *Divisões perigosas*, de 2007, especialmente os textos de Schwatzman, Carvalho, Fry e Ventura/Maio para questionamentos acerca da cor no Brasil e o risco da "racialização" bipolar do país. São textos muito curtos, mas que apontam para algumas questões que podem suscitar debates que certamente contribuirão para a maturidade da ideia de política de ação afirmativa no ensino superior.

12. Ver o texto de Carvalho e Segato (2002), que discute os principais pontos para a defesa de cotas a grupos étnicos/raciais, e o capítulo de João Feres neste livro, que vai mostrar como os argumentos contrários às cotas podem ser analisados.

Explicando o campo

A pesquisa de campo foi realizada nas dez universidades públicas, federais e estaduais, selecionadas tanto para a pesquisa qualitativa quanto para a parte quantitativa do projeto, que estão distribuídas pelas cinco regiões do país. Foi realizada entre os anos 2006 e 2008, com um total de 22 entrevistas com gestores e professores nas seguintes instituições: UENF, UERJ, UNEB, UFBA, UNB, UFPA, Unicamp, USP, UEPG e UFPR.[13]

O contato com a maioria dos entrevistados foi feito por meio de canais formais, envio de solicitações às universidades, geralmente por *e-mail*, explicando o objetivo geral da pesquisa. Na maioria das universidades, a equipe da pesquisa já sabia quem deveria ser entrevistado, tanto pela participação quanto pela atuação no processo de implantação das políticas. Em outros casos, o próprio campo foi revelando os principais atores envolvidos e que deveriam ser ouvidos para uma melhor compreensão do processo. Foi pedida, ainda, a indicação de nomes a setores de planejamento institucional, da coordenação, da admissão e de desenvolvimento acadêmico para que, ao se cruzarem as informações, houvesse a certeza de estarem sendo entrevistados os profissionais que ocupavam postos-chave no momento da implantação. Esse cruzamento permitiu controlar o possível viés da amostra.

Em geral, foram realizadas duas entrevistas em cada universidade, com a exceção de dois casos específicos: na Universidade Estadual de Ponta Grossa (UEPG) foi realizada uma entrevista em grupo, momento em que nos foi concedida a participação em uma reunião com quatro gestores, contemplando o quantitativo dos entrevistados nessa instituição. A USP representou o outro caso peculiar, pois foi realizada apenas uma entrevista com um professor que havia se recusado a participar do processo de AA da forma em que foi concebido. Não houve disponibilidade da parte de quem estava encarregado da gestão do programa para nosso pedido de entrevista. Foram realizadas, ainda, duas conversas informais com professores ligados à implanta-

13. UENF – Universidade Estadual do Norte Fluminense, UERJ – Universidade do Estado do Rio de Janeiro, UNEB – Universidade Estadual da Bahia, UFBA – Universidade Federal da Bahia, UNB – Universidade de Brasília, UFPA – Universidade Federal do Pará, Unicamp – Universidade de Campinas, USP – Universidade de São Paulo, UEPG – Universidade Estadual de Ponta Grossa, UFPR – Universidade Federal do Paraná.

ção desse programa, mas como não foi possível seguir o roteiro previsto para todos os entrevistados, elas não serão utilizadas na análise que segue. Esta foi a universidade em que os pesquisadores tiveram maior dificuldade para a realização do trabalho de campo, seja pela necessidade de a equipe de pesquisa visitar os dois *campi* da universidade em três momentos distintos para a aplicação dos questionários aos alunos, seja pela indisponibilidade da maior parte dos gestores e professores de conceder entrevistas. Os possíveis entrevistados apenas indicavam o *site* da universidade para obter informações sobre o programa de ação afirmativa da instituição, denominado Inclusp. Essa fonte de informação também será utilizada na análise que segue, mas guarda pouco valor heurístico, uma vez que se trata de informações institucionais mais gerais, editadas para a divulgação ampla do programa, o que vai exigir novos esforços dos pesquisadores para futuros contatos com esses profissionais, quando a nova etapa da pesquisa for iniciada.

A tabela a seguir mostra a distribuição do total das entrevistas com os gestores nas universidades públicas das cinco regiões do país e sua inserção nessas instituições de ensino quando foram entrevistados.

Universidades	Entrevistas
UENF	3
UERJ	2
UNEB	2
UFBA	2
UNICAMP	2
UFPA	4
UNB	3
UFPR	2
UEPG	1 coletiva
USP	1
Total: 10	Total: 22

As entrevistas realizadas seguiam um roteiro de perguntas abertas, contendo os seguintes itens: a) identificação e função dos entrevistados; b) opinião sobre a universidade e sobre a ação afirmativa; c) como foi realizado o processo de implementação na instituição; d) os impactos causados por tais medidas; e) a projeção de cada gestor sobre o futuro de tais políticas. A utilização desse instrumento de entrevista em profundidade possibilitou captar os posicionamentos e as percepções dos entrevistados em relação à complexidade do tema e às dificuldades com o início do processo. O material gravado foi transcrito integralmente para que os itens do roteiro pudessem ser colocados em planilhas para a análise que será apresentada a seguir. As principais questões levantadas foram sistematizadas, a partir do roteiro utilizado, em quatro eixos temáticos principais: a) a descrição do processo; b) o impacto das políticas; c) a avaliação das medidas adotadas; e d) a prospecção dos gestores em face das políticas adotadas. As falas dos entrevistados serão trazidas para que se possa captar a riqueza da mudança do *campus* da universidade pública do país.

A descrição do processo

O processo de mudança começou em 2002-2003, quando foram adotadas as primeiras políticas por meio de decretos de leis estaduais no Estado do Rio de Janeiro. Essa primeira experiência foi por uma decisão externa à universidade, ferindo, inclusive, o princípio de autonomia universitária dessas instituições. Mas, no ano seguinte, essas mesmas universidades passaram por intensas discussões internas em torno de quais políticas deveriam ser adotadas e assumiram para si a responsabilidade de implantação.[14] Atualmente, as decisões são internas, discutidas e pensadas nos conselhos universitários. Foram, portanto, as universidades estaduais que deram partida ao processo de implantação, ainda que tenha sido em um primeiro momento imposto pelo Legislativo.

14. Ver a análise feita por Nilcéa Freire (2004), então reitora da UERJ em 2002, quando a Assembleia Legislativa votou pela adoção de políticas de cotas na UERJ e na UENF, as duas universidades estaduais do Estado do Rio de Janeiro. A autora mostra o impacto da lei tanto no vestibular como no que acarretou de discussões internas sobre a melhor política a ser adotada.

Pôde ser percebido que o início da política pública veio na esteira de uma ampla discussão sobre as políticas de ação afirmativa, tanto nas assembleias estaduais, nas reuniões de conselhos universitários, como nos movimentos sociais, provocando a organização de variadas comissões e fóruns universitários. Até o momento de finalização desta etapa da pesquisa, outubro de 2008, 63 das 94 universidades públicas brasileiras, federais e estaduais, haviam implementado algum tipo de ação afirmativa nos seus cursos de graduação. Destas, 15 universidades, todas estaduais, efetivaram a adoção da ação afirmativa por decisão externa, por leis estaduais ou por discussões avançadas no Legislativo, e 48 universidades efetivaram algum tipo de ação afirmativa por decisão interna, de seus conselhos universitários.

Além da pressão externa, a emergência de políticas de AA nas universidades pesquisadas teve origem pela ação de grupos diversos: em algumas, os movimentos sociais locais passaram a se organizar em demandas específicas; em outras, a organização de docentes dentro do *campus* foi decisiva; em outras, ainda, os núcleos de estudo afro-brasileiros já existentes passaram a ter maior voz; por último, ações inicialmente isoladas de profissionais que passaram a questionar a falta de diversidade em suas universidades foram decisivas para levar a cabo o programa. Isso sem falar na ação de movimentos sociais com forte poder de mobilização social, como o Educafro, que pressionou as universidades de vários estados para iniciarem programas de ação afirmativa.

Essas iniciativas foram responsáveis pela colocação em pauta de uma discussão que era de certa forma estranha à prática universitária, discussão norteada por quatro grandes ideias: a) a denúncia de um *campus* universitário "branco"; b) a constatação da equação perversa entre universidade pública e o acesso negado às escolas públicas de ensino médio; c) o questionamento sobre a eficácia do vestibular para a seleção de seus futuros alunos; e, por último, d) os atos de racismo explícito nos meios acadêmicos. Sem dúvida alguma, vieram para provocar momentos de agitação e efervescência, promovendo debates, reuniões, seminários, palestras, manifestações públicas, que reivindicavam e/ou criticavam as ações afirmativas. É o que se descrevia anteriormente sobre as mudanças na década de 1990, agora realizadas no *campus* universitário.

Um gestor da Unicamp descreve assim um momento de debate na sua instituição:

> *O sindicato propôs cotas, mas aceitava a nossa proposta. Eles não colocaram cotas em votação. Muito curioso é que os estudantes fizeram manifestações abertamente racistas, alguns professores fizeram manifestações abertamente racistas, mas o racismo à brasileira. Com o discurso republicano: somos todos racistas.*

Essa fala revela um momento de tensão entre as diversas propostas e a manifestação interna de estudantes e professores contrários à ação afirmativa. Esse é um pano de fundo constante na descrição dos gestores: sempre havia manifestações variadas, contrárias e favoráveis à adoção de qualquer medida. Dentre as manifestações contrárias, sempre segundo os gestores, podem-se destacar: a) aquelas externas à universidade, representadas tanto pelas escolas particulares quanto pelos cursinhos de pré-vestibular, também particulares; e b) as internas à universidade, trazidas pelos debates *online*, pelas discussões em comissões e até mesmo com pichações racistas nos banheiros do *campus*.

No que se refere ao processo de adoção propriamente dito, as diferenças são inúmeras. Nas universidades estaduais, havia não só uma pressão do Legislativo para sua implantação, visto estar o sistema sendo discutido nas Assembleias Legislativas, mas também a simples obediência a um decreto-lei do Executivo, como foi o caso do Rio de Janeiro, que se tornou exemplar para várias ações em outras universidades, tanto como o modelo a ser adotado quanto como a situação a ser evitada. Além do mais, havia outros canais de pressão: os movimentos sociais que se organizaram por demandas específicas de acesso ao ensino superior, ou professores universitários – por diversas razões que serão vistas adiante – que abraçaram a causa por uma mudança no *campus* onde trabalhavam. É o caso de um dos gestores da Unicamp:

> *Comecei a fazer intercâmbio com os Estados Unidos e cada vez que eu voltava do MIT, em Massachusetts, para a Unicamp, eu tinha a sensação de como era branquinho o meu campus comparado ao MIT, cheio de diversidade, com coreanos, chineses, negros. Tinha de tudo! Aqui era muito uniforme e branco! E isso na Unicamp, na década de 1990!*

Pela fala desse gestor, percebe-se sua sensibilidade pessoal para a questão. Ele, por ocupar um posto estratégico na coordenação do vestibular, pôde dar início a estudos efetivos sobre o acesso das escolas públicas de Campinas à universidade, antecipando-se, assim, às discussões em curso na Assembleia Legislativa de São Paulo.

Mas, no que tange às inúmeras diferenças quanto ao início do processo, ficou perceptível um ponto em comum nos relatos dos entrevistados, quando descreviam o aprendizado vivenciado por eles: qualquer que tenha sido a política pensada, pode-se dizer que houve uma *pedagogia* sobre o significado da política de ação afirmativa, no momento em que os proponentes das políticas tiveram de explicar, argumentar, convencer e esclarecer as questões que envolviam sua implantação. Isso foi feito por meio de palestras, seminários ou propostas que se baseavam principalmente nos indicadores sociais acerca da desigualdade social e racial do Brasil.

Um gestor da UNEB descreveu como se deu essa ação, tanto em sua instituição como em vários outros espaços externos à universidade:

> *Fomos quase obrigados a visitar cada unidade da universidade espalhada pelo Estado da Bahia para explicar o que eram políticas de ação afirmativa, o que eram cotas. Muitos alunos moveram ações judiciais, e a universidade foi obrigada a se articular. Nós fomos para emissoras de rádio, televisões, ao Congresso Nacional, ao Supremo Tribunal Federal. Veja que sintomático o fato de a gente ter viajado o Brasil inteiro para dar explicações.*

Falamos aqui em pedagogia porque alguns entrevistados informaram que tiveram sua opinião construída ao longo do processo de implementação, resultado do intenso debate ocorrido entre os muros da universidade. Não foram poucos os casos em que os entrevistados tiveram uma mudança de posição, como ocorreu com a então reitora da UERJ, em 2002 (Freire, 2004), e como informa um gestor da UFPA na sua entrevista:

> *Eu tenho uma opinião construída. Isso quer dizer que foi mudando ao longo do tempo. No primeiro momento, me posicionei contrário. Ao longo da experiência, diante das evidências, isso foi se transformando. É falta de oportunidade, e a gente foi mudando um pouco essa opinião.*

É importante observar que há diferenças marcantes entre os procedimentos institucionais, especialmente entre as universidades estaduais e federais. Se com relação às estaduais havia um intenso debate nas várias Assembleias Legislativas, sendo a do Rio de Janeiro a dar o pontapé inicial, nas universidades federais as decisões foram tomadas a partir das decisões das várias instâncias internas, nos conselhos universitários ou nas comissões de ensino e pesquisa. O caso da UERJ foi exemplar: não só inspirou ações efetivas em outras universidades (afinal, como relataram alguns gestores, eles não queriam ser "atropelados" pelo Legislativo), como também fez com que a própria universidade iniciasse um período de intensos debates internos, modificando as políticas adotadas no primeiro ano para o vestibular seguinte, no ano de 2003.

Um segundo fator importante para a crescente consciência da ambiguidade das relações raciais na universidade nos foi relatado pelo mesmo gestor da Unicamp citado: trata-se da comprovação pessoal da existência de práticas racistas no mundo acadêmico. Ele cita o exemplo de um colega seu, negro, que estava fazendo o mestrado em Física na Unicamp, e pôde acompanhar as dificuldades pelas quais ele passava por ser negro. E esse também foi o fator preponderante em outra universidade importante, a UnB, primeira universidade federal a implantar ações afirmativas e a primeira com um desenho de AA somente para os negros sem estar vinculado à escola pública. Na década de 1990, houve um caso de racismo contra um aluno de pós-graduação que mobilizou parte da academia da universidade. O "caso Ari", nome do estudante negro que foi reprovado no doutorado no primeiro semestre, depois de ter passado em terceiro lugar na admissão ao programa, pode ser considerado como o detonador para a mobilização e para a sensibilização de professores da universidade. Afinal, a constatação de um ato de racismo no *campus* levou um grupo desses professores a se organizar, sendo bem-sucedidos em fazer com que os gestores que então estavam à frente da administração pensassem em ações efetivas de mudança no *campus*.

Aliado a esse fator, há um terceiro que foi preponderante na mudança de opinião sobre AA: a produção de dados pelo IPEA e pelo Censo de 2000 sobre a desigualdade racial na educação superior do país. E devido ao ciclo de debates e à ampla divulgação desses dados, tanto por acadêmicos quanto pela mídia, foram vários os testemunhos de profissionais que disseram ter ficado mais sensíveis à questão, depois de tomar conhecimento de dados que indicavam haver, no ano 2000, em torno de três vezes menos jovens que se autodeclaravam "pretos e pardos" nas universidades, e que eles eram distribuídos muito desigualmente nos cursos, não havendo a presença desses alunos nos cursos de maior procura, como o de Medicina ou Odontologia.

Um quarto fator foi resultado do processo lento da deterioração do ensino nas escolas públicas do ensino médio, verificado nas últimas décadas, especialmente nos grandes centros urbanos do país. Conforme observa um gestor da UENF, Universidade Estadual Norte Fluminense, em Campos, Rio de Janeiro, o *campus* foi ficando cada vez mais elitista naqueles cursos de maior procura, uma vez que os alunos das escolas públicas, excetuando aquelas federais de "excelência", como os colégios de aplicação, Pedro II ou a Faetec, não conseguiam mais competir com os alunos preparados nas escolas particulares ou cursos privados.

> *O que aconteceu no Brasil nos últimos cinquenta anos, e em alguns países da Europa também, é que houve uma separação. A educação é a base para a democracia, e para que isso ocorra é preciso que todos estudem juntos. Mas o que aconteceu com a escola particular e a escola pública? O pobre foi separado do rico e ao longo do tempo o negro do branco. Foi a escola que fez isso, quando não deu oportunidades iguais para todo mundo. Nós não vamos resolver se não melhorarmos a educação básica brasileira. Não adianta: ela é a raiz, o cerne do problema de nós não termos o negro dentro da universidade.*

Essa deterioração do ensino público, com o acesso cada vez mais difícil de estudantes oriundos das escolas públicas, levou ainda a se estabelecer uma "linha de cor" cada vez mais acentuada na universidade, uma vez que os "não brancos" estão, em sua maioria, nessas escolas. Foi o sentimento experimentado por um gestor da UNEB:

> *Como professor eu constatava que, embora a Universidade do Estado da Bahia fosse uma universidade pública, e embora não tivesse nenhuma pesquisa que detalhasse essa minha impressão, ela era uma universidade que embranquecia cada vez mais.*

O mesmo gestor da UENF, já citado, mostra ainda a incongruência que é a falsa opção entre políticas de AA nas universidades ou o maior investimento na educação básica. Ressalta que a "cota" não vai resolver o "vexame", nas suas palavras, da situação da educação pública em geral, mas que é necessária em caráter emergencial:

> *Sempre sou cobrado por ser contraditório em relação às políticas de ação afirmativa porque digo que elas são boas e ruins. Ação afirmativa é importante, mas não resolve o problema. Foi importante a implementação porque trouxe para cima da mesa uma discussão importantíssima, mas não vai resolver o problema. Porque a raiz do problema está na educação pública de qualidade, que infelizmente não temos.*

No caso da UERJ e da UENF, que têm ainda um corte de renda para a qualificação nas cotas, as vagas não estão sendo preenchidas em vários cursos. Esse fato é constatado por esse mesmo gestor, que percebe um decréscimo constante de 2003 a 2008 dentre os cotistas que se autodeclaram negros. Em sua opinião, "o excluído ainda não está batendo à porta da universidade". E se lembrarmos que, de acordo com o sistema de avaliação do MEC, apenas 48% dos estudantes brasileiros chegam ao ensino médio, percebe-se que o grande filtro já vai sendo feito ao longo da trajetória escolar dos alunos, como assevera o mesmo entrevistado.

Mas essa constatação traz à tona a questão do mérito de quem está preparado para ser admitido na universidade, e que vai ser discutido com detalhes mais adiante, uma vez que a competição para os cursos de maior prestígio passa pela condição de frequentar os bons colégios particulares, ou ainda pela condição financeira de frequentar um cursinho pré-vestibular. É o que ressalta um dos gestores da Universidade Federal do Pará, ao discutir a questão do mérito acadêmico:

> *[...] Foi muito interessante, e aos poucos foi se delineando a realidade de que, os alunos que estão fora da universidade não quer dizer que não tenham competência para entrar. É falta de oportunidade, e a gente foi mudando um pouco essa opinião. Eu não diria hoje que considero as políticas de ação afirmativa como a estratégia perfeita. Considero que são medidas necessárias para que se possa[m] primeiro reconhecer as fragilidades do nosso sistema social. A nossa sociedade tem uma série de fragilidades que não costumamos sequer reconhecer. Acho que, de certo modo, quando se aplica um critério de afirmação no ensino superior, está-se reconhecendo isso.*

Além do questionamento acerca do mérito, esse depoimento ressalta dois aspectos importantes, que estão interligados: primeiramente, a "necessidade" das medidas de AA e, segundo, o reconhecimento de que essa política pode intervir na "fragilidade" do nosso sistema educacional.

São, portanto, vários os incômodos. E um último fator determinante para o surgimento de AA é a existência anterior de núcleos de estudos afro-brasileiros na própria universidade, que logrou impulsionar a discussão sobre AA nos fóruns internos. Foi o caso da Universidade Federal da Bahia, onde já existia o Centro de Estudos Afro-orientais (CEAO), o caso da UERJ, com o Laboratório de Políticas da Cor, dentre outros, ou ainda o caso da Universidade Federal do Pará, com o Grupo Afro-amazônico, importante grupo de pressão para a implantação da política naquela instituição.

O caso da USP é peculiar: ela iniciou seu atual processo de AA, o programa denominado "Programa de Inclusão Social da USP", o Inclusp, sem integrar as iniciativas já existentes na universidade para a questão. Em 1994-1995, foi criada uma Comissão de Políticas Públicas para a População Negra, nomeada por portaria do reitor, cujo resultado saiu em um texto organizado por Kabengele Munanga em 1996, intitulado *Estratégias e políticas de combate à discriminação racial*, trabalho coordenado pela Pró-reitoria de Cultura e Extensão Universitária. Esse documento reivindica tanto a inclusão dos excluídos economicamente da universidade quanto a exclusão étnica ou racial, apontando a dupla exclusão deste último grupo.

O projeto aprovado foi feito partindo da constatação de que, em 2006, apenas 24,7% dos estudantes oriundos do ensino médio público conseguia aprovação no vestibular, e esse grupo compõe a grande maioria que estuda nas escolas públicas (85%) de São Paulo. Além do mais, como nas outras universidades visitadas, havia a constatação da diminuição da procura do vestibular da USP nos anos anteriores, fato justificado tanto pelas novas oportunidades oferecidas com o ProUni nas universidades privadas quanto pela própria autoexclusão do processo de seleção. Dentre as principais ações implementadas nessa universidade está a aplicação de um bônus de 3% em ambas as fases do vestibular para candidatos que cursaram integralmente o ensino médio em escolas públicas. Em 2008, o impacto de tais medidas ainda estava por ser feito, visto o programa estar em seu primeiro ano de implantação. Assim, o programa da USP utiliza o critério social, com medidas que não passam pela questão racial, e sua concepção não contou com a participação dos docentes que já vinham travando ampla discussão sobre as relações raciais na universidade e no país. O que foi adotado foi "o possível", como definiu um docente dessa universidade em conversa informal, dada a resistência do corpo acadêmico à discussão da questão.

A decisão de qual medida seria adotada – por pontuação extra ou por cotas – dependeu do processo interno de cada universidade e de sua relação com a sociedade mais ampla, seja com os estabelecimentos de ensino médio, seja com a articulação com os movimentos sociais. Um dos professores da UnB recusa a ideia de pontuação extra:

> *Acho que a pontuação é sempre um retrocesso do ponto de vista político em comparação com as cotas, porque não pode garantir a quantidade de pessoas que entrará.*

Ele lembra que a UnB é a única universidade federal com AA para negros sem estar atrelada à escola pública, e que a cota racial se impõe à pontuação, diferentemente do que está sendo tentado agora para o *campus* de Planaltina da mesma instituição, que prevê reserva de vagas para estudantes oriundos do interior do estado de Goiás.

A questão da inclusão pela condição socioeconômica ou pela condição racial foi a discussão central. Segundo vários entrevistados, o pertencimento a grupos indígenas raramente suscitou polêmica, mesmo porque, para as populações indígenas, a norma é o acréscimo de vagas. Mas foi unânime a constatação da dificuldade em se discutir uma política de inclusão estritamente racial nas comissões formadas ou nos conselhos universitários, e das dez universidades pesquisadas o fator que predominou para a aprovação das medidas foi a inclusão social, ou seja, AA para os alunos provenientes das escolas públicas. Em vários casos, os entrevistados constataram que a política de AA para negros teria de estar condicionada à frequência à escola pública, ou esta não passaria. Com exceção da UnB, que não adotou AA para escolas públicas, as outras nove universidades visitadas usaram o critério de escola pública combinado com outros.[15] Nas descrições dos conselhos universitários, o que acabou resultando foi a medida conciliatória, "a medida possí-

15. Para a análise dos editais de 63 universidades com algum tipo de AA, ver neste livro o capítulo de Elielma Machado e Fernando Pinheiro.

vel", segundo um dos entrevistados, em conciliar a cota racial com a cota social. É o que sintetiza bem um gestor da Universidade Federal do Pará:

> *A sensação que tenho é que a decisão do Conselho expressou a média de comportamento. Uma composição possível: de um lado, havia a tensão da pressão do Grupo Afro-amazônico, que estava de fora do Conselho, atrás dos vidros da sala, sempre pressionando o Conselho; de outro, o Conselho com seus princípios. E a decisão que acabou sendo aprovada foi conciliatória: concedemos a cota racial dentro de um critério social. E aí acalmamos a situação.*

Uma outra gestora, da Universidade Federal do Paraná, explica a dinâmica do processo em sua universidade, quando, a pedido do reitor, foi instituída uma comissão de implementação de um plano de metas de inclusão racial. Segundo essa gestora, desde o primeiro momento, foi percebido que era necessário incluir a questão social também:

> *Você sabe que nós começamos uma briga por inclusão racial, mas fomos obrigados a atender à escola pública como inclusão social porque todas as universidades que haviam chegado mais próximas da adoção de alguma política perceberam a sensibilidade dos membros da comunidade universitária com a pobreza, e não com o negro. Tem-se que ter o processo político estratégico de todos os jeitos, e percebemos que fazer uma proposta para o negro não chegaria a lugar nenhum. Era preciso uma proposta que fosse mais legítima para uma população que é racista e que não vê a população negra tendo qualquer problema a não ser sua incompetência, que não o deixa chegar a lugar nenhum. É isso que todo mundo pensa dos negros. Então, desde o primeiro momento já pensávamos em fazer uma proposta de inclusão racial e social.*

Essa mesma gestora faz um relato interessante de todo o processo acontecido a partir de 2003, enfatizando o processo de convencimento que foi a discussão interna na universidade, ou seja, a pedagogia, de que se falou anteriormente, para qualificar uma discussão tão polêmica. Ela lembra que eles tinham um "*kit* cotas", com dados sobre a desigualdade racial, com palestras de acadêmicos e ainda com o parecer de um ministro do Supremo Tribunal Federal acerca da constitucionalidade das cotas. A gestora destaca, ainda, o papel fundamental do departamento de Direito para demonstrar a legitimidade das políticas de AA.[16]

16. A mesma gestora lembra ainda que, em 2002, não havia o dado "raça" no questionário socioeconômico dos candidatos, e um grupo teve de fazer plantão na matrícula para a inclusão desse item

No tocante às instâncias deliberativas, estas foram marcadas por tensões, constrangimentos e pressões nos conselhos universitários durante o processo de implementação das políticas de ação afirmativa. Segundo um gestor da UNEB, a ação afirmativa de sua universidade

> *foi aprovada pelo Conselho Universitário com poucos votos contra. Eles ficaram envergonhados diante das argumentações. O pior, houve muitas abstenções.*

Esse relato representa o que foi percebido por vários entrevistados; demonstra o constrangimento que havia nas reuniões do Conselho Universitário, quando muitas pessoas contrárias às políticas de ação afirmativa ficavam constrangidas em opinar e no momento da votação preferiam o silêncio e a abstenção. Além disso, segundo alguns entrevistados, as reuniões do Conselho Universitário, as palestras e os seminários sobre ação afirmativa foram inicialmente muito esvaziados. Somente após a participação e presença da reitoria é que as reuniões do Conselho Universitário começaram a ter participação dos votantes.

Um professor da UnB relatou que o constrangimento em opinar contra a ação afirmativa nas reuniões do Conselho Universitário era motivado também pelos fortes argumentos de convencimento dos proponentes que utilizavam indicadores de desigualdades sociais:

> *Os professores que se disseram contra, por que não defenderam sua posição contra? Porque ali estavam estudantes negros; eles ouviram a ministra negra falar, eles ouviram uma professora negra falar; viram dados que eu apresentei sobre desigualdade racial. Aí, como é que fica? Como eles iam dar resposta aos argumentos que foram colocados?*

Por outro lado, um gestor da UENF problematiza ainda mais a questão, uma vez que defende a necessidade de se pensar em uma reforma universitária mais ampla, na qual seja discutido o currículo para que a universidade represente uma instância democratizante para a sociedade:

---

naquele mesmo ano. Aliás, a classificação de cor passa a ser uma necessidade nas universidades que adotaram ação afirmativa para negros, como foi o caso da UFPA. Esse foi um fato mencionado pelo gestor da Unicamp: o item "raça" não era incluído por ser considerado uma atitude racista, mas passa a ser adotado em 2002/2003 para possibilitar a avaliação quantitativa das medidas que seriam adotadas.

> *Qual é o profissional que a sociedade quer? O agrônomo, médico, engenheiro, o odontólogo, o professor que a sociedade quer? É com base nisso que o projeto pedagógico tem de ser formatado e tem de ser feito, e não com base na lei de cotas.*

E esse mesmo gestor admite, ao se referir à lei estadual de cotas do Rio de Janeiro:

> *Houve uma mudança na discussão; então essa lei trouxe para dentro da universidade, para cima da mesa, uma discussão mais profunda sobre o tema de exclusão social e como a universidade pode atuar para ser agente social forte que promova a inclusão social; sobre quem é o excluído da universidade.*

Assim sendo, os fatores variam, as circunstâncias são diversas, as modalidades pensadas são distintas, mas o processo de implementação nas dez universidades visitadas mostra o que está em curso em termos de se repensar o sentido da universidade pública. Em uma visão mais macro do processo, mais do que uma política específica, houve a confluência de aspectos que tornam cada processo *sui generis*. De qualquer forma, sem a vontade política dos gestores à frente do processo de admissão, sejam eles reitores, pró-reitores ou ainda coordenadores da comissão do vestibular, as políticas não teriam sido gestadas.

E essa vontade política independe da cor desses profissionais, pois se poderia pensar que um profissional negro estivesse mais proativo para a mudança, como foi o caso específico da reitora da Universidade Estadual da Bahia, professora negra que deu grande incentivo às discussões sobre o tema. Mas em outras universidades, como a UnB, a Unicamp, a Universidade Federal do Pará ou a Federal do Paraná, os reitores eram brancos, mas com grande receptividade à questão. Por estarem ocupando postos estratégicos nas suas universidades, por terem novas informações acerca da desigualdade racial no ensino superior do país e, ainda, por estarem à frente da gestão de universidades em um momento de redemocratização do Brasil, quando novas demandas de grupos que se organizaram desde a década de 1980 aparecem na esfera pública – e em especial no *campus* universitário, lugar privilegiado para a discussão de todas as novas questões sociais apresentadas –, pode-se verificar a recorrência da percepção de vários desses gestores de que esse processo, independentemente da política adotada, foi a consequência natural de decisões resultantes da confluência de alguns desses fatores combinados.

O impacto das políticas de ação afirmativa na sociabilidade do *campus*

Quando se perguntou aos gestores sobre o impacto da chegada dos novos estudantes "cotistas" às suas universidades, ficou evidente que estes trouxeram questões desconhecidas até então, que podem ser sintetizadas na complexa equação entre a ocorrência de uma reação conservadora, incluindo até mesmo manifestações racistas, e a promoção de uma maior diversidade. Aparentemente contraditórios, esses aspectos evidenciam o impacto profundo na sociabilidade do *campus*, não apenas no corpo discente, mas também nas reações do corpo docente, em especial no que se refere aos alunos negros. Por outro lado, passou a existir uma maior sensibilidade de alunos e professores da instituição às políticas de ação afirmativa. É essa contradição que relata um gestor da Universidade Federal do Paraná:

> *Uma coisa muito interessante que acontece com o programa aqui em termos de apreensão valorativa é que é muito maior hoje o número de professores e alunos favoráveis às cotas do que quando começou, porque os resultados positivos levam também as pessoas a perceberem o quanto é favorável. Também há uma maior sensibilidade dos professores e dos alunos que têm certo receio de entrarem em searas, digamos, que podem lhes ser comprometedoras, ou seja, os racistas se reprimem um pouco. Isso também é muito bom, mas há um número, que também não é pequeno, daqueles que não se conformam de ter negros na sala de aula, de os negros estarem ocupando determinados espaços.*

Isso nos remete à outra ponta dessa equação complexa, ponto muito mencionado pelos gestores: o conservadorismo da instituição universitária, ou seja, a dificuldade da universidade em lidar com as mudanças e pensar na sua função social como instituição pública. Conforme lembra um gestor da Unicamp, há uma questão que vai além da questão da cor ou da renda, que é o conservadorismo da universidade em si:

> *Eu acho que tem uma coisa sobre inclusão que não é raça, não é cor, nem renda, que é a questão das instituições conservadoras. Assim, é difícil mudar. Há muita resistência, seja por boas ou más razões. As universidades brasileiras têm de ter ensino, pesquisa e extensão. Toda instituição superior pública é universidade, mas nem todas são como a Unicamp. É um problema se não são universidades, de fato. As pessoas perguntam por que há apenas 25% de matrículas em instituições públicas. É muito pouco, apesar do orçamento destinado para as universidades.*

Segundo alguns entrevistados, o processo de implementação de ação afirmativa foi marcado por grande resistência das universidades em efetivar as políticas. Inicialmente, houve dificuldade em reunir a comunidade universitária como um todo para discutir o assunto nos seminários, palestras e reuniões nos conselhos universitários. Em geral, esses eventos eram esvaziados, necessitando de muito trabalho para atrair a presença de mais pessoas. O gestor da UFBA relata como percebeu a característica conservadora das universidades públicas brasileiras durante o processo de implementação da ação afirmativa, especialmente no que se refere à presença dos negros:

> *O conservadorismo na universidade, nós vimos de perto. Na hora da discussão de cotas para negros, é o momento em que a universidade pública em geral, no Brasil, resiste. Em nenhum momento se discutiu e muito menos se reagiu contra as políticas para portadores de necessidades especiais, como no caso da UERJ; ou para índios, no caso da UFBA, da Universidade de Tocantins ou da Universidade Estadual do Mato Grosso do Sul. Mas, para negros, ainda é um grande dilema, é onde há resistência. A universidade não é uma ilha isolada, o preconceito e o racismo também existem aí.*

De fato, no debate público brasileiro em geral, e nas universidades em particular, a discussão sobre ação afirmativa voltada para negros gera mais polêmica e resistência do que para outros grupos, como indígenas, portadores de necessidades especiais e/ou estudantes egressos da escola pública. E como constata o gestor anterior, o racismo existente na sociedade mais ampla não tem por que estar ausente do *campus* universitário.

Por outro lado, e para ilustrar essa equação complexa, os professores e gestores entrevistados relataram a inexistência de racismo explícito e a ausência de registro ou denúncia formal, uma vez implantado o processo. Conforme foi ressaltado pelos entrevistados, não há identificação dos "cotistas" nos cursos universitários. Muito pelo contrário, há a preocupação em não diferenciá-los para que não surjam estigmas nos respectivos cursos. Em algumas entrevistas, houve relatos da presença de um racismo oculto, ou seja, em alguns casos havia manifestações racistas, como piadas em sala de aula envolvendo cotistas. Mas essas situações constrangedoras não eram denunciadas formalmente à Reitoria, nem à Direção do Departamento.

Quanto a casos específicos de racismo, houve referências a uma frase racista escrita na porta da sala de um dos proponentes da ação afirmativa na

Universidade Federal do Pará: "O Grupo Afro-amazônico funcionava na minha sala, aí estava lá: macaco afro-amazônico", e a uma pichação no banheiro da Universidade de Brasília contra as cotas: "2001 cotas na UNB, 2010 ou 2014 estupradores, bandidos com nível superior."

Por outro lado, um gestor da UFPR afirmou que havia certamente muito silêncio, por parte dos cotistas, com relação aos constrangimentos que sofriam dentro da universidade. Diante do racismo explícito, geralmente ocorre uma reação velada:

> *É interessante que há certo desejo de ficar meio quieto, escondido, porque a pressão é grande [...]. São os cotistas negros, porque já sofrem suficientemente para não se colocarem. A pressão e as reações internas aos cotistas negros são bastante intensas, embora a gente não tenha como fazer nenhum tipo de detalhamento. Nenhum aluno vem com detalhes do que está acontecendo. Todos nós sabemos: são cartazes, brincadeiras, piadas em sala de aula, inclusive comportamento contundente de professores em relação aos negros. Mas nada dito.*

Já o gestor da Universidade Federal do Pará lembra que a cota social também foi objeto de muita tensão externa, especialmente por parte da mobilização vinda das escolas particulares:

> *No que se refere à cota social, tivemos tensões sérias. O que aconteceu é que se silenciou em relação à cota social, mas não em relação à cota racial. Houve uma mobilização das escolas particulares, inclusive com passeatas com carros de som. Eu diria que duas mil pessoas entraram aqui para serem atendidas e fui eu que tive de atendê-las. O curso de Medicina é emblemático: temos 150 vagas e às vezes não tinha nenhum estudante de escola pública. Com o estabelecimento das cotas, 50% vão para estudantes de escola pública, o que praticamente reduziu à metade as chances de ingresso dos estudantes de escolas particulares. Eles se mobilizaram, mas nós reafirmamos nossa posição e a situação se acalmou.*[17]

Outra questão sensível diz respeito à identificação para a seleção no sistema. Na Unicamp, o gestor reconhece essa dificuldade e explica a opção da

17. Esse mesmo gestor nos conta que a reserva de vagas é feita na última etapa do vestibular, como em todas as outras visitadas. É interessante o relato de tensão com os grupos do Movimento Negro feito pelo gestor da UFPA, pois queriam a reserva de vagas na fase inicial. Ele mostra, assim, as tensões sofridas de ambos os lados para se chegar à "decisão conciliatória", em suas palavras.

instituição, quando comparada a outras instituições que adotaram o sistema de verificação, como a UFPR, a UFPG ou a UnB:

> *Na UFBA, tem muita fraude de ensino médio de escola pública. A comissão que vê isso cria problemas morais e éticos, e nós decidimos não criá-la. Uma comissão dessas, você pode chamar isso do que quiser, mas nós aqui chamamos isso de tribunal racial, um grupo de pessoas que senta e decide como você se identifica. Entendemos que uma comissão não tem o direito de decidir como a outra se identifica. O Movimento Negro quer muito isso, mas isso pode ser usado para o bem ou para o mal, assim como a comissão pode dizer que você não é negro e por isso você não entra. O efeito do tribunal racial está errado. Esse é o ponto.*[18]

Essa é uma questão controversa, e muito tem sido escrito sobre o "tribunal racial". Foi um foco de crítica feito por um professor entrevistado da UnB, que se mostrou contrário a esse tipo de verificação.

Mas, se for feito um balanço sobre o impacto causado pelas políticas de AA, há uma percepção geral de que o impacto positivo prevalece. Na opinião de todos os gestores, o *campus* está mais diverso, mais democrático, estando a universidade pública em melhores condições de cumprir sua função social. Sejam os gestores das universidades estaduais, sejam das federais, e independentemente da região do país, há a constatação de que o *campus* se modificou: está mais diverso. É o que constata um gestor da UFBA, apesar de observar o longo caminho ainda a ser percorrido para uma universidade menos conservadora:

> *Eu acho que mudou a percepção da universidade de que nela é possível conviver com as diferenças, sem drama, sem trauma. O que não quer dizer que ainda não se manifestem atitudes de professores contrários, que às vezes escrevem repetindo a linha de um jornal. Mas a universidade ainda não mudou em relação à estrutura curricular. A adoção de maior número de negros e de egressos de escola pública foi tranquila, mas as estruturas internas da universidade ainda são conservadoras. Um exemplo é a Pró-reitoria de Ações Afirmativas, que foi pensada como um pro-*

18. A classificação de cor é uma questão que foge ao escopo da presente análise, ainda que tangencie toda a discussão. No caso da Universidade Federal do Pará, por exemplo, uma professora, também militante de um movimento negro, lembra da "validade interna", ou seja, regional, da classificação de cor: "*É o branco que perde a validade. Ele chega ao Rio Grande do Sul e vai perceber que não é tão branco. Tem validade interna, mas se atravessa a fronteira com o Brasil, aí ele vai perceber que não era branco.*" Ver, na presente edição, o texto de José Luís Petruccelli sobre a classificação de cor.

grama e foi derrotada no Conselho Universitário, no final de dezembro [2006]. Os estudantes (DCE) votaram contra e a proposta foi rejeitada, e a maioria do Conselho adotou Pró-reitoria de Assuntos e Assistência Estudantil.

Outro gestor da UFBA se refere especificamente à "mudança de cor" naqueles cursos mais procurados, que têm, portanto, processo seletivo maior:

O diretor da Faculdade de Comunicação estava comemorando porque a faculdade tinha mudado de cor, porque era um dos cursos de alta concorrência. Por ser um curso muito seletivo, o pessoal da escola pública dificilmente entrava, era menos de 10% de estudantes de escola pública. Como as cotas têm a característica da escola pública, como têm um viés de cor – mas que não mudaria substancialmente se tivesse ou não –, porque a referência é que dentro da parcela da escola pública tem uma percentagem para quem se declara preto ou pardo, que é mais ou menos o espelho de nossa escola pública em Salvador. Mas, como faz parte da nossa história, a maior parte da população negra é pobre e está na escola pública. Então isso mudou o perfil social e mudou a característica de cor em diversos cursos.

Percebeu-se, assim, que, a despeito das políticas adotadas como cotas ou acréscimo de pontos para egressos de escolas públicas, ou ainda acréscimo de vagas para a população indígena, a questão mais controversa foi a da cota para negros. Entretanto, há um sentimento a respeito da inexorabilidade do processo e da radicalidade do sistema de cotas, resultado do próprio processo de redemocratização pelo qual passou o país. É o que define um gestor da UNEB:

Eu penso que as chamadas ações afirmativas configuram-se como um formato de política pública absolutamente ajustada às necessidades de ampliação da democratização da sociedade brasileira. As ações afirmativas, sobretudo na modalidade de cotas para negros nas universidades, são o que existe de mais avançado em termos de políticas públicas na história da República brasileira. Embora as opiniões e posições contrárias têm surgido e se especializado, eu penso que a proliferação dessas políticas no Brasil é algo inexorável.

É o que pensa também um gestor da Universidade Federal do Paraná:

A ação afirmativa pode ser diversa, mas escolhemos a modalidade de cotas literalmente. Acho que qualquer outra decisão na situação brasileira, qualquer outro projeto, vai ser limitador da possibilidade de acesso do negro à universidade. Quando se faz cota em relação à reserva de vagas, quando se têm dados tão contundentes, você tem que fazer algo que também seja contundente. Então, eu concordo que a reserva é o projeto, digamos, mais avançado, mais radical de ação afirmativa.

Um dos gestores da Universidade do Estado do Rio de Janeiro lembra, também, a função social da universidade e as mudanças ora em curso:

A UERJ sempre teve uma característica de receber aluno-trabalhador, até por ter cursos noturnos e por ser uma universidade central e urbana. Sempre permitiu que nós tivéssemos alunos que tinham o perfil de carência socioeconômica, oriundos das diversas classes sociais da sociedade. Mas esse quantitativo aumentou e esse novo perfil a gente encontra hoje em pelo menos 45% de nossos alunos. Antes da reserva de vagas, esse percentual era bem menor. O que mudou foi isto: temos alunos com uma carência muito maior, o que nos fez criar estratégias de permanência que antes não existiam, bolsas novas, com objetivos não apenas acadêmicos, e o enfoque da linha de ensino mais próxima desses alunos na perspectiva de minimizar as dificuldades que eles possam ter dentro da vida acadêmica.

Esse registro aponta para uma nova questão no *campus*, que é a preocupação com a permanência dos alunos, verdadeiro dilema para aqueles que não podem se dar ao luxo de passar quatro anos estudando sem nenhum apoio financeiro, como será visto a seguir.

Avaliação das medidas

No que se refere à avaliação das políticas de ação afirmativa, há uma unanimidade nos relatos dos gestores e professores de que elas têm significado um programa de êxito e com resultados surpreendentemente positivos. Isso pode ser comprovado naqueles programas com maior tempo de duração, como na UERJ, UENF, UFBA, ou ainda nas universidades com sistema de avaliação apurados, como a Unicamp. Um dos gestores da UFBA informou sobre o resultado do sistema de cotas em sua instituição, observando que a média dos cotistas superou a dos não cotistas:

O resultado que obtivemos foi que a diferença de nota média entre cotista e não cotista é muito pequena, 9%, nem 10%. A média geral dos cotistas era melhor do que a dos não cotistas. Então, o sistema funciona. É uma oportunidade de tornar inclusive a universidade mais diversificada porque há pessoas de diferentes estratos sociais, e a questão do problema da qualidade não se confirmou: os dados são o contrário disso. Então, eu acho que o programa da UFBA tem muito bom resultado.

Outro gestor, da UERJ, revelou que a ação afirmativa promoveu uma mudança de postura e uma maior dedicação dos docentes.

A gente até brinca que o docente passou a ser efetivamente docente, porque uma coisa é você trabalhar com os melhores alunos, então você não tem muito trabalho; outra é você exercer seu papel de acompanhamento, de estímulos, que passou a acontecer.

O desempenho dos alunos beneficiados pela ação afirmativa foi um assunto muito discutido pelos entrevistados, trazendo aspectos que questionam velhos mitos acerca do desempenho dos "cotistas" nas universidades e do risco de essas instituições estarem colocando em jogo sua excelência acadêmica. Grande parte dos entrevistados mencionou que o desempenho dos alunos beneficiados por AA superava o dos outros alunos não beneficiados. Além disso, na percepção dos gestores e professores, qualquer que tenha sido a política adotada, esta não causou danos à excelência das universidades públicas, temor predominante na época da implantação dos primeiros programas.

Um dos gestores da Universidade Federal do Pará lembra sua experiência de trabalho com alunos de ação afirmativa no curso noturno de licenciatura em Física:

Alunos pobres, de situação financeira muito difícil e que entraram nas primeiras aulas sem saber onde estavam. O resultado é que eles superaram rapidamente, depois de um ano de curso, os seus colegas que tinham entrado no turno da manhã, com notas maiores que as deles. Há sempre desistência, ou por falta de afinidades ou por falta de condições, mas aqueles que restaram concluíram com êxito extraordinário.

Um dos gestores da UENF vai além, ao se referir ao envolvimento dos "cotistas" quando surge a oportunidade de uma bolsa, como a de "jovens talentos":

O engraçado é que no começo muitos professores não queriam, pois achavam que seria mais trabalho. Hoje gera briga! Todo mundo quer um aluno cotista, porque percebeu que esse aluno chega com limitações de base de conhecimento, mas é um lutador. Esse aluno percebe que é a chance da vida dele e se dedica intensamente.

Acaba tirando uma diferença no aprendizado, que no vestibular gira em torno de 40% ou 50%, pois um aluno passa com 7,5 e o outro passa com 5,0, para se igualar um ano depois. Isso traz uma discussão que nós precisamos trazer para dentro da universidade mais fortemente, que é, opa!, o vestibular tem algo de estranho.

Um gestor da UERJ comenta sobre a evasão dos alunos e sobre o desempenho acadêmico de sua universidade. Considerada uma instituição de excelência na área biomédica antes das cotas, foi mantida como tal, depois da recente avaliação de vários de seus cursos de graduação feita pelo MEC, já incluindo os alunos "cotistas". O nível de excelência permaneceu o mesmo. É o relato contundente de um dos seus gestores:

A gente percebe que a evasão não é muito diferenciada entre cotistas e não cotistas. Os cotistas se mantêm dentro da universidade. Aquela velha história que o nível dos alunos iria baixar com a incorporação da reserva de vagas não se concretizou. Uma vez que eles tiveram um excelente resultado no processo avaliativo, o perfil de resultado da universidade se manteve. A gente já tem o resultado da avaliação do Enade do curso de Medicina, sendo o melhor do Rio de Janeiro. O ensino continua o mesmo, os alunos academicamente acompanham, cumprindo todos os passos normais, independentemente da forma de ingresso.

Um dos gestores da Unicamp destacou a experiência positiva quanto ao desempenho dos alunos beneficiários do programa de bônus adotado pela universidade, afirmando que:

O perfil do cara que entra pelo programa de ação afirmativa é melhor do que aquele que não entraria pelo programa. Ou seja, em quase todos os cursos da Unicamp quase 95% dos alunos que entraram pelo programa atenderam à expectativa, melhorando o seu desempenho mais do que os outros. E em mais de 53% dos cursos em que o pessoal entrou pelo programa de ação afirmativa a média [do curso] é maior do que dos outros.

Um dos problemas mais cruciais para os alunos beneficiários de AA é a questão da permanência no curso, uma vez que o problema do desempenho, segundo os entrevistados, começa a ser superado a partir do primeiro ano. Já a questão da permanência desses alunos é mais complexa. A maior parte não tem condições financeiras de se manter durante todo um curso de graduação sem ajuda de custo. Outros têm ainda de trabalhar para ajudar no orçamento doméstico, aspecto apontado como uma das grandes causas da evasão ou do baixo rendimento acadêmico. A maioria das universidades não tem condições de receber o aluno mais carente, pois não conta com alojamento nem com bandejão. Como observou um gestor da UENF, a desistência cria uma frustração pessoal perversa, reificando o fracasso como a prova de sua incapacidade de mobilidade social:

> *Na minha visão pessoal, essa frustração vai ser transmitida por gerações. Ele vai olhar o filho dele e dizer: "você vai entrar lá e não vai conseguir, tem que arrumar um emprego." Na maioria das vezes, é a única pessoa da família que fazia um curso superior. E nós precisamos de referências entre as pessoas carentes e entre os negros, de bons médicos, de bons advogados. Nós contamos nos dedos os que se sobressaem, como o juiz negro no Supremo agora.*

A questão da permanência é, assim, crucial para o êxito de qualquer programa de ação afirmativa. Como pontuou uma das gestoras da UERJ:

> *Nós temos vários tipos de políticas. Existe uma gama muito grande de políticas de ação afirmativa. Elas têm um ponto principal favorável, que é tentar diminuir as diferenças. Então, o que anteriormente possa ter sido um ônus passa a ser um bônus e um avanço. Então, você melhora não só o acesso à universidade, como também o acesso dentro da universidade, dos indivíduos de uma forma geral dentro de seus cursos, na sua progressão. Não é só uma questão de entrar na universidade, mas de se ter condições através de bolsas de incentivo, bolsas de monitoria, de iniciação científica, de extensão. [...] Porque não se pode oferecer uma política de apenas ter o acesso, em que o aluno entra e não tem condições de dar continuidade ao seu trabalho dentro da universidade. Isso é muito ruim, muito frustrante. Causa um impacto muito grande dentro da universidade, aos cofres públicos, pois aquela vaga representa um ônus financeiro para o próprio Estado.*

Outras universidades oferecem assistência sistemática, prestada a todos os alunos, beneficiários ou não de AA, que necessitam de ajuda para continuar seus estudos, como é o caso da Unicamp ou da UFPG.[19]

19. Um dos gestores da Unicamp ressalta o problema que é a evasão escolar no ensino médio, com uma perda de 30% do primeiro para o terceiro ano do ensino médio, cuja causa principal é a necessidade premente do trabalho para esses jovens. Lembra que é preciso também pensar no papel da universidade em promover cursos noturnos de alta demanda, com reais chances para o mercado de trabalho.

Há ainda outro aspecto positivo destacado por um dos gestores da Unicamp: com o programa de AA, muitos alunos das escolas públicas passaram a tentar os cursos antes considerados inalcançáveis:

> *Terá um efeito pedagógico muito grande, muita gente querendo entrar [...] fez com que o candidato visse a chance de entrar na Unicamp, o que equilibrou os aprovados nos cursos de alta demanda. Por que vamos tirar o cara da escola pública da universidade pública? Temos de ter um processo seletivo cuidadoso. Não adianta ter 50% de cotas se há apenas 30% de inscritos, como é o caso da UERJ, que enfrenta esse tipo de problema. A pergunta é esta: qual é o tamanho da barra, a barrinha de erro, essa faixa cinzenta que a gente pode avançar para baixo dos 50%?*

Além de problematizar o quanto é imponderável a nota de corte no vestibular – a "barrinha de erro" –, o entrevistado se refere à UERJ, porque nessa universidade foi adotado um corte de renda juntamente com a cor e a escola pública, o que faz com que a grande maioria das vagas não seja preenchida, em especial nos cursos de alta demanda. É o que atesta um dos gestores da própria universidade, ao lembrar que, das 16 vagas oferecidas em 2007 para o curso de Engenharia, apenas um aluno se matriculou, e no vestibular de 2008 não houve nenhuma matrícula por reserva de vagas nesse curso para negros. Essa mesma gestora lembra que sua instituição está no momento fazendo análises mais aprofundadas:

> *Precisamos fazer avaliações mais aprofundadas, porque eu dizer um número não me leva a nada, pode até dar margens a interpretações equivocadas. E o que mais se tem em relação a reservas de vagas e ação afirmativa são interpretações equivocadas e preconceitos estabelecidos que, na realidade, na experiência que estamos tendo ao longo do tempo na universidade, não se confirmam.*

É o que lembra um gestor da UENF sobre o momento de implantação da política:

> *No primeiro momento, ela foi bastante polêmica, com o discurso de que não ia resolver a situação, mais a história de que ia levar ao racismo, ou coisa dessa natureza, o que não foi verdade. O que se mostrou ao longo desse tempo é que uma aceitação era de mostrar, até para quebrar preconceitos dentro da universidade. Houve avanço nesse sentido.*

A questão do desempenho dos cotistas trouxe uma inevitável análise do próprio sistema de admissão à universidade, sendo a crítica ao vestibular uma referência constante. Alguns entrevistados mencionaram o quanto esse sistema é injusto e não avalia a competência nem o mérito dos alunos. E as políticas de ação afirmativa vêm para desafiar a "eficácia" do vestibular. Nesse sentido, o relato de um dos gestores da UFBA sintetiza bem essa questão:

> *A universidade é um lugar do mérito, mas mérito não é nota no vestibular. O sistema era injusto, o vestibular está longe de ser um parâmetro absoluto de avaliação de competência, mede treinamento para fazer vestibular oficialmente.*

Pelos depoimentos dos entrevistados, o questionamento sobre o vestibular estimula reflexões em torno da problemática da educação brasileira, que necessita de mudanças, uma vez que a urgência de se pensar o processo de democratização do acesso à universidade, sem o abandono da qualidade do ensino, foi a tônica em todas as universidades. Segundo eles, esse é um dos grandes dilemas da educação brasileira e que perpassou o trabalho de campo. Um gestor da UENF fez um desabafo sobre o problema do sistema educacional brasileiro, que reflete grande parte das mazelas da educação pública em geral e do ensino superior em particular:

> *Se é para mudar a cor da universidade, vamos acabar com a carência; esse aspecto é que a gente pode fazer, mas não dá para acabar com a carência com aluno oriundo da escola pública. Com que base?, que a escola não oferece. Há 15, 20 anos, a escola oferecia. Eu sempre estudei em escola pública, no interior. Mas, hoje, o aluno da escola pública não tem êxito, falta salário digno para os professores do ensino médio e fundamental, escolas que ofereçam qualidade decente para que ele possa se credenciar para o vestibular. Se nós esquecermos como estamos esquecendo, fala, fala, e ninguém faz nada.*

Na equação perversa sentida pela maioria dos gestores – uma universidade pública que barra os alunos das escolas públicas –, os programas de AA chegaram para minimizar essa desigualdade do acesso à educação superior, uma vez que a solução para tal equação, como assevera o entrevistado anterior, é o investimento na educação básica.

Quanto ao impacto das políticas adotadas, certamente foi maior nos cursos de maior demanda, como apontaram os gestores entrevistados. Conforme lembra o da Unicamp, ao comentar o sistema de pontuação extra (trinta pontos) para alunos egressos da escola pública:

> *Como era de se esperar, foram nos cursos de maior demanda, pois quando um aluno ganha 30 pontos, significa pular 40, 50, 200 candidatos. No caso da Medicina, você chega a pular 400 pessoas, pois é um curso muito concorrido; triplicou o ingresso da escola pública, de oito para 24. O número de negros, esse multiplicou por cinco! Hoje conseguimos ter o percentual de egressos da escola pública maior dentre os alunos matriculados. É um programa de inclusão importante, e vem atendendo à nossa demanda acadêmica. O mais importante, para a Unicamp, é que desafiou o vestibular e propôs a igualdade.*

O questionamento do vestibular também foi uma constante nas falas dos outros entrevistados e um dos principais argumentos para a adoção da política, como observa um gestor da UFBA, ao lembrar os momentos de tensão:

> *Certamente, teve. São diferentes os argumentos, por exemplo, do pessoal dos movimentos e os que nós tínhamos institucionalmente. A questão que nós argumentamos para a universidade foi que o sistema era injusto; que o vestibular era muito longe de ser um parâmetro absoluto de avaliação de competência; que media treinamento para fazer vestibular oficialmente; que nós podíamos diversificar o acesso. Mantivemos o mesmo vestibular, apenas colocando pessoas para concorrer em faixas que fossem mais equilibradas: escola pública com escola pública, escola particular com escola particular.*

Associado a isso está o recorrente argumento do papel social da universidade pública, que está sendo revisto a partir da discussão em torno da adoção de políticas de ação afirmativa. E essa discussão traz um último ponto, igualmente importante, e que se refere às mudanças nas atividades acadêmicas propriamente ditas, sejam elas na pesquisa, no ensino ou na extensão. É o que registra de maneira pertinente um dos gestores da UNEB:

> *Houve mudanças significativas, tanto em termos numéricos, sobretudo naqueles cursos de maior prestígio social, mas também houve mudanças observáveis na própria cultura universitária quotidiana. Isso tem se refletido na própria estrutura curricular dos cursos. Tem gerado na UNEB uma crescente preocupação com a questão racial e as experiências das populações negras. O número de trabalhos de pesquisa e de extensão relacionados a estas questões tem crescido acentuadamente.*

Também o número de eventos e atividades com as mesmas temáticas tem crescido. Percebe-se um crescimento da sensibilidade da comunidade universitária para com a necessidade de ampliar as ações que objetivem a valorização da diversidade e da inclusão social e racial.

O registro que se faz na presente análise tenta captar esse momento de mudança em curso, momento de mudança na composição do corpo discente, na nova sociabilidade que se impõe, na revisão sobre a função social da universidade, sobre os critérios de avaliação do vestibular, ao lado das novas pesquisas que estão sendo propostas por esses novos alunos.

Há um último item a ser analisado como parte do roteiro proposto: o que pensam os entrevistados sobre o futuro do programa em sua universidade.

Prospecção dos gestores

No roteiro das entrevistas, houve um momento em que os entrevistados foram convidados a falar sobre o que pensam do futuro das políticas adotadas nas suas universidades, denominado aqui "prospecção". Foi o momento em que os entrevistados relataram suas expectativas para o futuro, tanto no que concerne aos pontos positivos quanto aos negativos da ação afirmativa para a sua universidade. Na maior parte das entrevistas as políticas foram avaliadas positivamente, como algo inexorável, sem volta. Como assevera um gestor da UERJ: "Acho que cada vez mais as ações afirmativas serão ampliadas e vão ser melhoradas."

Na mesma linha está a projeção do gestor da UNEB, que ressalta que a relação entre universidade e sociedade está sendo pensada, e as políticas de AA refletem isso:

Penso que a proliferação das políticas de ação afirmativa no Brasil é algo inexorável. Percebe-se um crescimento da sensibilidade da comunidade universitária para a necessidade de ampliação de ações que objetivem a valorização da diversidade e da inclusão social e racial.

Uma das gestoras da UFPR relembra que o processo, iniciado com trocas acadêmicas e reuniões prévias com os movimentos sociais em 2003, é deslanchado com um documento que o reitor apresentou aos demais órgãos administrativos para cumprir uma promessa de campanha de abertura da universidade para a sociedade:

> *O reitor tinha em mãos uma reivindicação dos movimentos sociais que, na verdade, era a proposta dele de campanha, de abertura da universidade para a sociedade. Com isso, ele conseguiu cumprir uma exigência junto aos vários órgãos administrativos, e a abertura seria nesse campo e com esse viés.*

A abertura para a sociedade vai em outra direção também, apontada por um gestor da Unicamp, que é a oportunidade dada aos melhores alunos da rede pública de ensino médio. Esse mesmo gestor defende o sistema de acréscimo de pontos em vez da cota, pois acha que acelerou o processo:

> *O programa de ação afirmativa da Unicamp é um bom programa, no sentido de que acomoda tanto a necessidade da universidade de buscar os melhores alunos quanto a necessidade de se buscar esses alunos em todas as camadas sociais. A universidade busca isso. O resultado é positivo e tem havido o crescimento significativo de alunos egressos de escolas públicas, e eu acho que a Unicamp tem buscado ter um corpo docente muito qualificado [...]. Acho que as instituições do Estado têm de atender à população no que se refere à gestão pública [...].*

É importante informar que a maioria dos gestores e professores salientou que a ação afirmativa deve ser encarada como uma política relevante, uma vez que é um instrumento que promove igualdade e inclusão social, mas que necessita de ampliação. Sendo assim, a ação afirmativa tem sido considerada uma política revolucionária na sociedade brasileira, pois transforma a vida daqueles que não se viam como participantes dessa etapa importante na formação educacional e desses espaços universitários acadêmicos.

Alguns lembram seu caráter temporário, como ressaltaram os gestores da UERJ e UFPR, sintetizado na análise de um dos gestores da UERJ:

> *As ações afirmativas precisam ser implementadas em caráter transitório, em uma situação em que se precisa diminuir as desigualdades sociais. Mas elas não podem ser um fim em si mesmas, ser a solução do problema. Como uma política temporária, ela deve ser implementada. Percebemos aqui que ela tem bons reflexos e impactos.*

Ligada à questão da transitoriedade das políticas adotadas está ainda a necessidade de sua constante avaliação, especialmente a partir de 2008, quando as primeiras turmas da UERJ, UENF, UFBA e Unicamp com os beneficiários do programa já estavam concluindo seus cursos, possibilitando, assim, uma avaliação abrangente. A necessidade da avaliação passa, então, a ter um caráter de rotina, indo ao encontro das necessidades apontadas pelo próprio MEC acerca da avaliação do ensino superior do país.

Outros, como um gestor da UENF, lembram uma questão central, que é a separação da educação do pobre da do rico na educação fundamental:

> *Se nós não conseguirmos que os filhos dos brancos estudem com os filhos dos negros lá no fundamental, lá na creche, ele não vai se misturar na universidade. Se nós colocarmos o pobre separado do rico lá na creche, que é o que acontece no Brasil hoje, nós não vamos resolver, porque eles vão chegar diferentes na universidade, com culturas diferentes, com educação diferente. [...] Mas eu acredito que se fôssemos esperar uma discussão ampla na UERJ e na UENF, nós nunca teríamos implantado as cotas. Foi importante porque trouxe uma discussão que não aparecia.*

Um gestor da UNEB sintetiza esse processo com a seguinte afirmação:

> *A gente fala em revolução no Brasil, a esquerda política do Brasil fala em revolução, mas a revolução que nós estamos fazendo é essa. Essa revolução de reconhecer, de denunciar que a sociedade brasileira é uma sociedade racista, e de apresentar a sociedade alternativa. E políticas de ações afirmativas no âmbito da universidade são apenas uma parte desse processo revolucionário que nós estamos vivendo no Brasil.*

Considerações finais

Os depoimentos dos gestores das dez universidades visitadas trazem inúmeras questões que estão diretamente relacionadas à mudança no *campus* originada com a adoção das políticas de ação afirmativa. Primeiramente, argumentam que sua adoção estimulou uma discussão em torno do tema em si, acerca do racismo e sobre as desigualdades raciais no Brasil. Se, no primeiro momento, a comunidade universitária foi surpreendida pela ação da Assembleia Legislativa estadual, sendo pressionada a lidar com e administrar a política, em um segundo momento, o próprio processo estimulou intenso debate nas universidades, trazendo para o *campus* a discussão que já acontecia na mídia de maneira geral, nas Assembleias Legislativas, no Congresso Nacional e nos movimentos sociais.

Para além de sua adoção, e como um primeiro ponto a ser destacado, a maioria dos entrevistados é favorável às políticas de ação afirmativa de inclusão social, podendo incluir aí a racial, mas não esta especificamente. Em outras palavras, comumente a polêmica em torno do tema é mais evidente quando se trata de ação afirmativa para negros, não havendo tanta resistência quando estão em consideração outros grupos beneficiados, como indígenas ou estudantes egressos de escola pública. Foi percebido, assim, que a adoção de AA para egressos da escola pública com viés racial foi uma medida de consenso, ou seja, a política conciliatória, como definida por vários entrevistados, que procura atender tanto às demandas internas das universidades quanto às externas dos movimentos sociais.

Um segundo ponto importante mencionado pelos entrevistados foi a preocupação com as políticas de permanência, que na maior parte das universidades são insuficientes. Os gestores e professores relataram que é imprescindível que as universidades e os órgãos executivos de cada estado criem políticas de permanência eficientes em conjunto com a política de inclusão. Sendo assim, a universidade e o Estado não podem se preocupar somente com o ingresso dos alunos, mas devem criar estratégias de permanência para minimizar a evasão das universidades. Há o reconhecimento da necessidade de que as políticas de ação afirmativa sejam melhoradas e pensadas em conjunto com uma política de permanência de maneira contínua para sua eficácia.

Outro aspecto predominante foi o questionamento do próprio vestibular. Esse ponto foi levantado especialmente por aqueles profissionais que estão à frente das comissões de vestibular e manifestam seu incômodo com a equação perversa do alunado das escolas públicas que chega à universidade pública: se aproximadamente 80% dos alunos do ensino médio estudam na rede pública, as universidades públicas não estão recebendo sequer 20% desses alunos nos seus cursos. Ainda de acordo com os professores que estão há muito tempo nas universidades, tal fato só vem se agravando com a deterioração do ensino público da rede estadual, especialmente nos grandes centros urbanos, o que vem "embranquecendo" cada vez mais os cursos de maior procura.

Como um quarto ponto a ser registrado nos depoimentos dos gestores, é preciso mencionar que foi unânime o reconhecimento de que os beneficiários das políticas de ação afirmativa têm enorme capacidade de superação das defasagens iniciais que trazem do ensino médio. Como foi mostrado nas falas dos entrevistados, depois do primeiro ano eles já começam a se equiparar aos alunos regulares, sendo o resultado final até melhor em alguns cursos.

Mas essas são análises que precisam ser realizadas em cada universidade a partir de agora, quando vários dos cursos já têm uma série histórica passível de avaliação. No entanto, a questão do desempenho positivo leva a outro ponto que foi recorrente: a constatação de que as políticas de ação afirmativa estimulariam a elevação da autoestima não só dos beneficiados, mas também de todo o seu círculo mais próximo de família e de vizinhança. Há, aí, um efeito muito mais abrangente do que o beneficiado em si.

E esse é o efeito virtuoso do processo analisado aqui. A mudança no *campus* é operada com a entrada de universitários que vêm de outras camadas sociais para aqueles cursos que tradicionalmente estão acostumados a receber os alunos egressos das escolas de elite dos diversos estados. São esses cursos que recebem o maior impacto das políticas, e é precisamente por causa desse impacto que um dos argumentos contrários às políticas de AA se manifesta de maneira mais recorrente. Tal mudança é operada ainda com um *campus* com mais "cor" do que os próprios gestores constatavam ser o alunado que chegava antes da adoção das políticas. Se em um primeiro momento há muita reação e restrições, essa equação virtuosa que se estabelece vai certamente contribuir para trazer uma maior diversidade para as universidades públicas. Assim sendo, é uma mudança que certamente vai ajudar a transformar os *campi* em espaços mais democráticos, porquanto mais inclusivos.

Esse foi um primeiro relato de uma pesquisa que iniciou sua segunda fase no final de 2009. Procurou-se trazer o campo pesquisado da forma mais abrangente possível, com a difícil tarefa da "tradução" da pesquisa de campo, de que fala Gertz. Não foi o objetivo discutir o mérito nem a legitimidade das políticas de ação afirmativa em si, mas, sim, *mostrar* o processo de implantação em várias universidades, pois parte-se do pressuposto de que essas políticas são uma realidade social. A presente análise teve como objetivo último trazer dados que possam qualificar mais o debate; eles mostram uma realidade de universidades que estão lidando com essa mudança no *campus*, e vários dos argumentos contrários às políticas de ação afirmativa caem por terra quando se ouve o que os gestores que lidam com essa nova situação têm a dizer. Assim, a pesquisa de campo nos mostrou um rico processo em curso, com um questionamento profundo acerca do papel social da universidade pública brasileira, que certamente trará mudanças de impacto na educação superior do país para a formação das futuras elites.

Referências bibliográficas

BERNARDINO, J. Ação afirmativa e a rediscussão do mito da democracia racial no Brasil. *Estudos Afro-asiáticos*, ano 24, n. 2, 2002.

BRITO, J. A. de. *A igualdade na lei e a desigualdade pela raça. Pluralismo jurídico e constitucionalismo comunitário*: ação afirmativa no Brasil. Dissertação (Mestrado) – Departamento de Direito da PUC-Rio, Pontifícia Universidade Católica do Rio de Janeiro, Rio de Janeiro, v. 1 e 2, 1999.

CARVALHO, J. J.; SEGATO, R. L. Uma proposta de cotas para estudantes negros da Universidade de Brasília. *Série Antropologia*, Departamento de Antropologia, Universidade de Brasília, n. 314, 2002.

DAGNINO, E. Os movimentos sociais e a emergência de uma nova cidadania. In: DAGNINO, E. (org.). *Anos 90:* política e sociedade no Brasil. São Paulo: Brasiliense, 1994.

FREIRE, N. A experiência da UERJ na implantação de cotas para ingresso na universidade. In: PAIVA, A. R. (org.). *Ação afirmativa na universidade*: reflexão sobre experiências concretas Brasil-Estados Unidos. Rio de Janeiro: Desiderata/PUC-Rio, 2004.

FRY, P. et al. *Divisões perigosas.* Rio de Janeiro: Civilização Brasileira, 2007.

GOMES, J. B. B. *Ação afirmativa e princípio constitucional da igualdade. O direito como instrumento de transformação social. A experiência dos EUA*. Rio de Janeiro: Renovar, 2001.

GUIMARÃES, A. S. A. *Políticas públicas para ascensão dos negros no Brasil*: argumentando pela ação afirmativa. Salvador: Afro-Ásia, 1996, n. 18.

_____. *Racismo e anti-racismo no Brasil.* São Paulo: Ed. 34, 1999.

HABERMAS, J. *Mudança estrutural na esfera pública.* Rio de Janeiro: Tempo Brasileiro, 1999.

HERINGER, R. Ação afirmativa e promoção da igualdade racial: o desafio da prática. In: PAIVA, A. R. (org.). *Ação afirmativa na universidade*: reflexão sobre experiências concretas Brasil-Estados Unidos. Rio de Janeiro: Desiderata/PUC-Rio, 2004.

MACHADO, E. A. *Desigualdades raciais e ensino superior*: um estudo sobre a introdução das leis de reserva de vagas para egressos de escolas públicas e cotas para negros, pardos e carentes na Universidade do Estado do Rio de Janeiro. Tese (Doutorado) – Programa de Pós-graduação em Sociologia e Antropologia, IFCS, Universidade Federal do Rio de Janeiro – UFRJ, Rio de Janeiro, 2004.

MUNANGA, K. O anti-racismo no Brasil. In: MUNANGA, K. (org.). *Estratégias e políticas de combate à discriminação racial*. São Paulo: Edusp, 1996.

PAIVA, A. R. Cidadania, desigualdade e acesso à universidade. *XXX Encontro da Anpocs*. Caxambu, 2006. [mimeo]

PETRUCCELLI, J. L. Classificação de cor e ações afirmativas. *Advir*, Rio de Janeiro, v. 19, n. 3, p. 19-22, 2005.

_____. *Classificação étnico-racial brasileira*: onde estamos e aonde vamos. Rio de Janeiro: Iuperj, 2006.

PIOVESAN, F. Ações afirmativas no Brasil: desafios e perspectivas. In: MATOS, A. C. (org.). *A construção dos novos direitos*. Porto Alegre: Núbia Fabris, 2008.

SOUZA, J. *Multiculturalismo e racismo*. Brasília: Paralelo 15, 1997.

TELLES, E. *Racismo à brasileira*. Rio de Janeiro: Relume-Dumará, 2003.

AÇÃO AFIRMATIVA À BRASILEIRA: INSTITUCIONALIDADE, SUCESSOS E LIMITES DA INCLUSÃO DE ESTUDANTES NEGROS NO ENSINO SUPERIOR NO BRASIL (2001-2008)

Rosana Heringer[1]

Introdução

As primeiras experiências de ação afirmativa para estudantes negros em universidades públicas estão completando oito anos no Brasil.[2] E hoje, passado esse período, contabilizamos um expressivo número de instituições públicas de ensino superior e técnico adotando medidas semelhantes, além da existência de um programa de bolsas para estudantes em universidades privadas, o ProUni, que já beneficiou quase 200 mil estudantes negros. Para os que acompanham esse debate no país nas últimas décadas, seja em termos de opinião pública ou nos corredores acadêmicos, as mudanças ocorridas representam um avanço importante, principalmente porque não pareciam factíveis no passado recente.

Tendo como marco esse período, consideramos necessário fazer um balanço dos programas existentes, observando principalmente seu alcance e sua institucionalidade. Que lições a experiência brasileira traz para esse debate sobre igualdade de oportunidades no ensino superior?

Costuma-se frequentemente tomar a experiência norte-americana como horizonte de comparação nesse tema. Entretanto, observamos que muitas

1. Doutora em Sociologia (Iuperj) e coordenadora executiva da ActionAid Brasil.

2. As primeiras universidades públicas a adotar programas de ação afirmativa foram quatro instituições estaduais, a saber: UEMS, UERJ, UENF e UNEB.

diferenças se apresentam entre esses dois casos, refletindo inclusive as diferentes características do sistema universitário nos dois países. Nos Estados Unidos não há uma previsão de cotas percentuais para preenchimento de vagas de estudantes de um determinado grupo racial ou étnico, ao mesmo tempo em que o sistema de ingresso nas universidades ocorre de forma bastante diferenciada, com base em dossiês que documentam a vida escolar do candidato, diferentemente dos nossos vestibulares. Ainda assim, é possível reconhecer como as políticas voltadas para o cumprimento de metas de inclusão de estudantes de grupos específicos no ensino superior, particularmente nas universidades de maior prestígio, contribuíram efetivamente para a formação profissional de qualidade de um grande número de estudantes de minorias raciais nas últimas décadas.[3]

Neste texto, pretendemos abordar as particularidades da experiência brasileira, analisando quais são as principais características do que estamos chamando de um programa de "ação afirmativa à brasileira", com uma "cara", com seus próprios caminhos, se aperfeiçoando, apresentando resultados e reduzindo as desigualdades no acesso ao ensino superior. A análise pretende contribuir para a compreensão de como as políticas de ação afirmativa vêm se expandindo e consolidando no Brasil.

Ao mesmo tempo, ao final de quase uma década de programas desse tipo, cabe analisar o alcance e a institucionalidade dessas medidas. Reconhecemos que, na forma como os programas vêm sendo implementados, observa-se o risco de que não tenham sustentabilidade ao longo do tempo, em função de terem sido criados na sua maioria de forma descentralizada e por meio de normas internas às universidades, ou então por meio de legislações estaduais nem sempre acompanhadas de debates e a partir de consensos no âmbito das universidades.

Este é um momento, portanto, em que, apesar dos avanços quantitativos e qualitativos observados na implantação dos programas de ação afirmativa no ensino superior, identificamos também a necessidade de avaliar

3. Um dos melhores estudos que demonstram o impacto da ação afirmativa no ensino superior nos Estados Unidos encontra-se em "O curso do rio – um estudo sobre ação afirmativa no ensino superior", de William Bowen e Derek Bok (Rio de Janeiro: Garamond/CEAB-Ucam, 2003).

sistematicamente essas experiências e apontar os avanços necessários para aperfeiçoá-las. Este texto pretende contribuir para essa reflexão.

Como fonte de pesquisa, estamos nos baseando em dois bancos de dados. O primeiro foi gerado a partir de pesquisa realizada pelo Nirema/PUC.[4] As informações foram complementadas com dados sistematizados pelo programa Políticas da Cor (LPP/UERJ).[5]

Principais resultados agregados da ampliação do percentual de estudantes negros no ensino superior

A PNAD 2007 aponta a seguinte distribuição da população brasileira por cor:

Brancos	49,4%
Pardos	42,3%
Pretos	7,4%
Outros	0,8%

No que diz respeito à escolaridade, a mesma pesquisa aponta que a atual média de anos de estudo da população é de 7,3 anos, sendo essa média entre a população branca de 8,2 anos (tendo atingido, portanto, a escolaridade mínima prevista na Constituição), enquanto entre os negros (pretos e pardos) a média está em 6,4 anos de estudo.

Na faixa de 15 a 17 anos, a taxa de escolarização é de 82,1%, porém apenas 48% destes cursavam pelo menos o ensino médio. Isso significa que muitos estudantes nessa faixa encontram-se ainda no ensino fundamental. Se tomarmos a faixa etária dos 18 aos 24 anos, a taxa de escolarização está

4. Projeto de pesquisa "Ação afirmativa: monitoramento e acompanhamento nas universidades brasileiras", coordenado pela professora Angela Paiva e realizado com o apoio da Finep.

5. Laboratório de Políticas Públicas da Universidade do Estado do Rio de Janeiro, disponíveis na página <www.politicasdacor.net>. Um quadro sintético dessas informações foi recentemente publicado no artigo de Rosana Heringer e Renato Ferreira no livro *Caminhos convergentes:* Estado e sociedade na superação das desigualdades raciais no Brasil, organizado por Marilene de Paula e Rosana Heringer (Rio de Janeiro: Fundação Heinrich Boll/ActionAid, 2009).

em 30,9%. Entretanto, no ensino superior, encontram-se apenas 13% de estudantes nessa faixa etária. Se observamos esses dados de acordo com a cor/raça dos estudantes, a situação de desigualdade se amplia: entre os estudantes de 18 a 24 anos frequentando o ensino superior, a proporção entre os brancos é de 57,9%, enquanto entre os negros é de 25%.[6]

No que diz respeito à cobertura, cabe destacar que 86,2% dos estudantes de ensino médio estão em rede pública de ensino, enquanto no ensino superior 76% estão no ensino privado.

> É provável que o aumento da frequência líquida na faixa etária de 18 a 24 anos seja um dos efeitos da política de ampliação do acesso à educação superior, encampada pelo Ministério da Educação, a qual vem sendo estruturada por três linhas de ação:
> (i) ampliação das vagas nas instituições federais de ensino;
> (ii) ampliação do financiamento estudantil (FIES); e
> (iii) instituição do Programa Universidade para Todos (ProUni).
> Essas iniciativas deram novo fôlego à expansão da educação superior.[7]

A citação anterior apresenta uma avaliação positiva no que diz respeito à ampliação do número de estudantes no ensino superior no Brasil e atribui tal avanço a uma combinação de políticas que tiveram efeito ao longo da última década no país, combinando ações voltadas para a expansão de vagas no ensino superior público e ampliação do acesso ao ensino privado por meio de financiamento estudantil e também da concessão de bolsas em instituições privadas, com o ProUni.

Embora o estudo citado não faça referência direta à expansão dos programas de reserva de vagas (ou cotas) nas instituições públicas de ensino superior, sabemos que esse também foi um fator importante de inclusão nessas instituições de estudantes pertencentes a grupos antes sub-representados: estudantes egressos de escola pública, estudantes negros e indígenas, principalmente nos cursos de maior prestígio.

6. IBGE, Síntese de Indicadores Sociais 2008.

7. Fonte: IPEA. PNAD 2007 – primeiras análises. Comunicado da Presidência n. 12, out. 2008.

Observando o quadro mais geral, sabemos que, de acordo com o MEC, em 2007, o Brasil tinha 4.880.381 estudantes matriculados no ensino superior, com um aumento de 2,7% em relação ao ano de 2006. Esses estudantes, como mostramos no Gráfico 1, estavam concentrados principalmente em instituições particulares.

GRÁFICO 1

ESTUDANTES MATRICULADOS NO ENSINO SUPERIOR POR CATEGORIA ADMINISTRATIVA – BRASIL – 2007

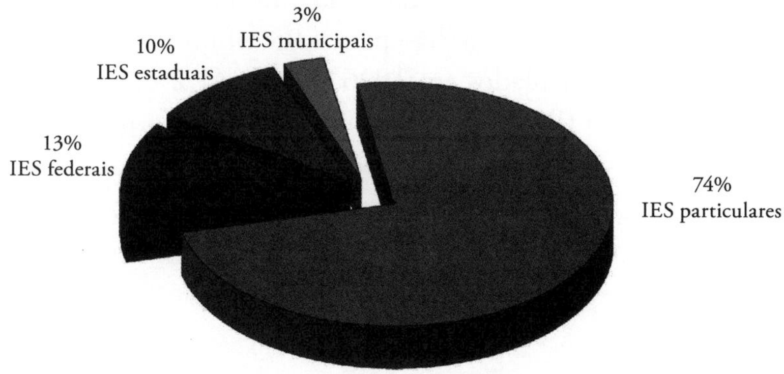

Fonte: Censo da educação superior.
Disponível em: <www.inep.gov.br>. Acesso em: 11 abr. 2009.

Houve também um crescimento do setor privado. Em 2003, as instituições privadas detinham 70,76% das matrículas, passando para 74,15%, em 2006, e 74,57%, em 2007 (IPEA, 2007).

A expansão do ensino superior no Brasil, tanto público quanto privado, vem sendo acompanhada de intensificação dos debates sobre os mecanismos de democratização desse âmbito de ensino. Um dos temas importantes nesse debate é a discussão de propostas visando a ampliar o público universitário mediante o aumento da presença de estudantes oriundos da escola pública, estudantes de menor renda e também estudantes negros e indígenas. Paralelamente a esse debate, vem sendo ampliado o acesso ao ensino superior a estudantes portadores de deficiência, seguindo lei federal a respeito.

Alguns autores que analisam a evolução do ensino superior já observaram que a expansão necessária para que o Brasil se aproxime da meta de 30% dos jovens de 18 a 24 anos no ensino superior só se dará com a incorporação de estudantes de menor renda e de grupos antes excluídos desse nível de ensino (Oliveira et al., 2006).

Os dados demonstram que está se ampliando a proporção de estudantes vindos de escola pública e também de estudantes negros no ensino superior. No âmbito deste texto, nossa preocupação principal é apontar a escala da incorporação de estudantes de grupos específicos no ensino superior na última década, demonstrando, a partir de alguns dados, o alcance do que estamos chamando de "ação afirmativa à brasileira".

Entre 1996 e 2006, o número de estudantes brancos matriculados no ensino superior passou de 1,5 milhão para 4,03 milhões; entre os negros, o número de alunos matriculados em 1996 era de 341,2 mil, passando para 1,76 milhões em 2006 (Paixão & Carvano, 2008), conforme demonstrado no Gráfico 2.

GRÁFICO 2

ESTUDANTES MATRICULADOS NO ENSINO SUPERIOR
POR COR – BRASIL – 1996 E 2006

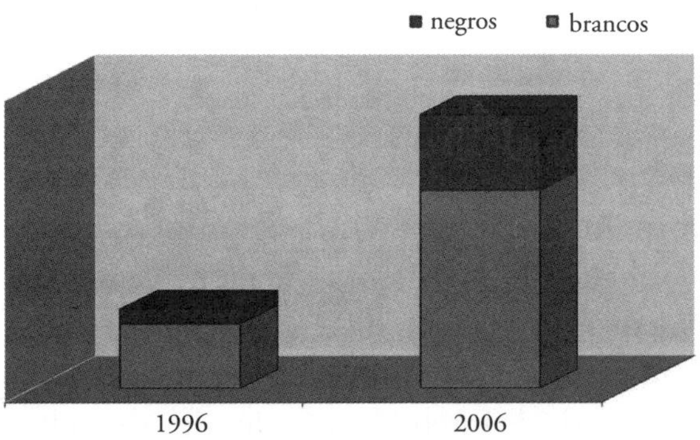

Fonte: *Relatório anual das desigualdades raciais no Brasil. 2007-2008*

Em 1998, pretos e pardos eram 18% dos estudantes de graduação; em 2007, eram 31,5% (IBGE). Se analisarmos a frequência líquida dos estudantes no ensino superior (18-24 anos) comparando entre estudantes brancos e negros, observaremos que a diferença na proporção entre eles se reduziu em uma década. Em 1997, era cinco vezes maior entre os brancos do que entre os negros; em 2007, reduziu-se para três vezes (IPEA).

Breve contextualização do ensino superior no Brasil

Veremos a seguir qual é o contexto geral das instituições de ensino superior, no âmbito do qual se deu essa expansão do sistema, do número de vagas e também da inclusão de grupos anteriormente menos presentes no ensino superior.

TABELA 1: NÚMERO DE INSTITUIÇÕES DE ENSINO SUPERIOR, POR CATEGORIA ADMINISTRATIVA – BRASIL – 2007	
INSTITUIÇÕES PÚBLICAS	249
Federais	106
Estaduais	82
Municipais	61
INSTITUIÇÕES PRIVADAS	2.032
Particulares	1.594
Comunitárias/confessionais/filantrópicas	438

Fonte: MEC/INEP/Deed.

Pelas informações apresentadas na Tabela 1, observamos a predominância do ensino superior privado, concentrando 89% dos estabelecimentos de ensino superior. Observamos, também, que, entre as instituições públicas, as federais concentram 43% do total, seguidas das estaduais (33%).

Na Tabela 2, adiante, observamos o conjunto das instituições públicas de ensino superior no país, em que há predominância das instituições federais. Estas, por sua vez, dividem-se de forma equilibrada, principalmente entre universidades e centros de educação tecnológica. Entre as instituições estaduais, predominam as universidades, além de grande número de faculdades, centros e institutos, seguidos também de escolas técnicas. No âmbito municipal, predominam as faculdades, os centros e os institutos. É interessante observar, portanto, que, quando falamos de instituições públicas de ensino superior no Brasil, precisamos levar em conta essa diversidade de estruturas de organização acadêmica e gestão, que sem dúvida traz também diferenciações no campo da implementação de programas de ação afirmativa, que é o foco principal deste estudo.

TABELA 2: NÚMERO DE INSTITUIÇÕES PÚBLICAS DE ENSINO SUPERIOR, POR ORGANIZAÇÃO ACADÊMICA – BRASIL – 2007				
Instituições públicas de ensino superior	Federais	Estaduais	Municipais	Total
Universidades	55	35	6	96
Centro universitários	–	–	4	4
Faculdades integradas	–	–	4	4
Faculdades, escolas, institutos	4	28	47	79
CET/FaT (*)	47	19	–	66
Total	106	82	61	249

(*) Centros de Educação Tecnológica e Faculdades de Tecnologia.
Fonte: MEC/INEP/Deed.

Como demonstram Catani e Hey (2007), no Brasil,

> a diferenciação das IES caracteriza-se essencialmente pela contraposição entre Universidades e outros modelos institucionais que oferecem cursos superiores (Centros Universitários, Faculdades Integradas e Faculdades Isoladas). As universidades são, na realidade, praticamente as únicas que se dedicam à pesquisa acadêmica, enquanto as demais categorias restringem-se, sobretudo, ao ensino, pois não são obrigadas a desenvolver pesquisa e extensão. As universidades brasileiras são predominantemente estatais, enquanto os outros modelos institucionais são dominados pelo setor privado.

Se analisarmos especificamente o conjunto das universidades, veremos que há um maior equilíbrio entre a proporção de instituições públicas e particulares. Na Tabela 3, adiante, vemos que as instituições privadas representam 48% do total de 183 universidades existentes no país. Vale destacar que, entre 2003 e 2008, foram criadas dez novas universidades públicas federais – além de 48 novos *campi* universitários – no país, levando a uma maior descentralização do ensino superior e também à expansão do número de vagas, o que não necessariamente significou uma melhora equivalente na qualidade de ensino.

A expansão do setor público se deu em *campi* novos e universidades pouco dedicadas à pesquisa, aproximando esses novos espaços da lógica já existente nas IES privadas ou adotando padrões que mais se aproximam, em determinados aspectos, do ensino técnico em nível superior (Catani & Hey, 2007).

TABELA 3: UNIVERSIDADES SEGUNDO CATEGORIA ADMINISTRATIVA – BRASIL – 2007	
Total de universidades	183
PÚBLICAS	96
Federais	55
Estaduais	35
Municipais	6
PARTICULARES	87
Particulares	28
Comunitárias/confessionais/filantrópicas	59

Fonte: MEC/INEP/Deed.

As informações apresentadas anteriormente fornecem, portanto, uma visão geral das principais características institucionais do ensino superior no Brasil hoje. É nesse quadro que passou a se implantar desde 2002 medidas de ação afirmativa destinadas a ampliar o acesso de estudantes egressos de escolas públicas, de menor renda, negros e indígenas. O marco inicial desse processo foi a adoção de reserva de vagas nas universidades estaduais do Rio de Janeiro (UERJ e UENF) e na Universidade Estadual da Bahia (UNEB). Entre as instituições federais, a primeira universidade a adotar a reserva de vagas foi a UnB (Universidade de Brasília), em 2004.

Ao longo desse período – e até abril de 2009 –, um total de 34 instituições públicas federais de ensino superior (incluindo ensino técnico) adotou algum tipo de política de ação afirmativa. A Tabela 4, a seguir, e o Gráfico 3 demonstram um detalhamento dessas informações.

TABELA 4: INSTITUIÇÕES FEDERAIS DE ENSINO SUPERIOR, SEGUNDO REGIÃO, E SE POSSUEM OU NÃO PROGRAMAS DE AÇÃO AFIRMATIVA – BRASIL – 2008

Instituições federais	Norte		Nordeste		Sudeste		Centro-oeste		Sul		Total	
	Total	AA	Total	AA	Total	AA	Total	AA	Total	AA	Total	AA
Universidades	8	3	14	10	19	8	5	3	9	6	55	30
Faculdades/ escolas / institutos	2	–	2	–	12	–	–	–	2	–	18	–
CET/FaT (*)	3	–	10	4	11	–	5	–	4	–	33	4
Total	13	3	26	14	42	8	10	3	15	6	106	34

(*) Centros de Educação Tecnológica e Faculdades de Tecnologia.
AA = possuem algum programa de ação afirmativa.
Fontes: 1. MEC/INEP/Deed; 2. Bando de dados Nirema/PUC;
3. Banco de dados Políticas da Cor (LPP/UERJ).

GRÁFICO 3

INSTITUIÇÕES FEDERAIS DE ENSINO SUPERIOR SEGUNDO EXISTÊNCIA DE PROGRAMAS DE AÇÃO AFIRMATIVA – BRASIL – 2008

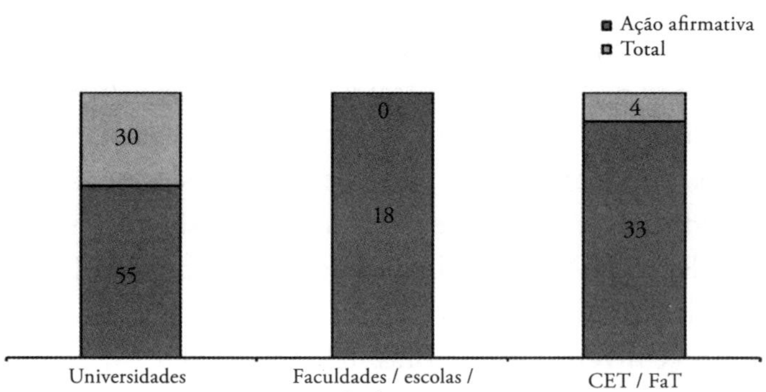

Fontes: 1. MEC/INEP/Deed; 2. Bando de dados Nirema/PUC; 3. Banco de dados Políticas da Cor (LPP/UERJ).

Podemos destacar que, entre as instituições federais, predominam as ações afirmativas nas universidades (em 30 das 55 existentes). É importante ressaltar aqui que, no universo das instituições estaduais de ensino superior e técnico (incluindo uma instituição do Distrito Federal), sobe para 41 o número de instituições com algum tipo de ação afirmativa. As outras quatro instituições públicas com programas desse tipo são municipais. Temos, portanto, um total de 79 instituições públicas de ensino que adotaram ações afirmativas. A Tabela 5, a seguir, resume essas informações.

TABELA 5: INSTITUIÇÕES PÚBLICAS DE ENSINO SUPERIOR E TÉCNICO COM PROGRAMAS DE AÇÃO AFIRMATIVA – BRASIL – 2008

Instituições públicas	Brasil	
	Total	AA
Total	249	79 (32%)
Federais	106	34 (32%)
Estaduais	82	41 (50%)
Municipais	61	4 (7%)

Fontes: 1. MEC/INEP/Deed; 2. Bando de dados Nirema/PUC;
3. Banco de dados Políticas da Cor (LPP/UERJ).

No que diz respeito especificamente às universidades estaduais, do total de 35 estabelecimentos, 27 possuem algum programa de ação afirmativa, sendo na sua maioria voltados para estudantes oriundos de escolas públicas.

Ao analisarmos com mais detalhe os programas de ação afirmativa já implantados, identificamos os grupos beneficiados distribuídos na seguinte ordem:

1. Estudantes egressos de escola pública;
2. Estudantes negros;
3. Estudantes indígenas;
4. Portadores de deficiência;
5. Quilombolas;
6. Residentes no estado;
7. Renda familiar *per capita* máxima/"carentes";
8. Assentamentos de reforma agrária.

No que diz respeito aos programas destinados a beneficiar estudantes negros, observamos que, desse total de 79 instituições, 36 adotaram ações afirmativas para esse grupo, sendo 33 por meio do sistema de cotas e três por meio de pontuação adicional. Também observamos que 19 instituições têm vagas reservadas somente para indígenas. Predomina entre as instituições o sistema de autodeclaração da cor/raça.

Ainda dentro da caracterização dos programas, as instituições seguem as seguintes modalidades de reservas de vagas:

- oito instituições têm ações afirmativas por meio de pontuação adicional (ou bônus);
- uma instituição tem reserva de vagas para mulheres negras (UFAL);
- uma instituição tem reserva de vagas também para pós-graduação (UNEB);
- seis instituições incluem vagas específicas para quilombolas, além da reserva para estudantes negros em geral;
- em dois estados e em duas instituições municipais, as vagas destinadas a alunos de escola pública são apenas para estudantes residentes naquelas localidades.

Não possuímos um levantamento exaustivo do número de estudantes beneficiados até o momento por esses programas de ação afirmativa. O IPEA estima que 58 mil estudantes negros ingressaram em universidades públicas desde 2001 por meio de reserva de vagas. Ao mesmo tempo, é importante observar que, entre 2002 e 2009, o número de vagas nas instituições federais de ensino superior e técnico passou de 113 mil para 227 mil.

Embora esses números sejam expressivos, é necessário levar em conta que o ensino público hoje é responsável por apenas 25% dos estudantes frequentando o ensino superior no país, e que, comparando-se com as metas de ingresso de estudantes no ensino superior que constam do PDE (2001), esse volume de expansão de vagas ainda é bastante reduzido. Na verdade, é de conhecimento geral que a expansão do ensino superior na última década deu-se por meio do crescimento do número de vagas nas instituições privadas. Analisaremos a seguir a inclusão de estudantes oriundos de escola pública, negros e indígenas no setor privado, por meio do principal programa criado desde 2004, o ProUni.

O papel do setor privado e a inclusão no ensino superior por meio do ProUni

Criado em 2004 pela medida provisória nº 213, de 10 de setembro desse ano, e institucionalizado posteriormente pela Lei nº 11.096, de 13/1/2005, o ProUni converteu-se ao longo dos últimos cinco anos no maior programa voltado para a inclusão de estudantes egressos de escola pública, com o recorte específico para estudantes negros, indígenas, portadores de deficiência e professores de escola pública no ensino superior privado.

O programa foi iniciado com o aproveitamento de cerca de 100 mil vagas ociosas nas universidades privadas que seriam ocupadas por estudantes bolsistas. Esse número representava, em 2004, 25% das vagas disponíveis nas universidades privadas, que tinham 37,5% de vagas ociosas naquele momento. A contrapartida do governo foi um plano de renúncia fiscal para as universidades privadas que aderissem ao programa.

O início da adoção de cotas em algumas universidades públicas e uma ampliação do debate político sobre o tema levou a uma gradual inserção do governo federal nesse debate desde o início do primeiro mandato do governo Lula. Com a criação da Seppir (Secretaria Especial de Políticas de Promoção da Igualdade Racial), o governo Lula avançou no debate sobre a ampliação do acesso de afrodescendentes ao ensino superior. Em julho de 2003, foi criado um grupo de trabalho para elaborar propostas para o tema.

No início de 2004, como resultado do Grupo de Trabalho Interministerial (GTI), o MEC entregou à Casa Civil uma proposta de medida provisória que autorizava as universidades públicas a adotar cotas. Com isso, os autores da proposta tinham o objetivo de legitimar esse tipo de medida no país, evitando futuras contestações judiciais e protestos.

O texto da medida provisória propunha a autodeclaração como mecanismo de identificação dos beneficiários das cotas e apontava a necessidade de pontuação mínima a ser alcançada pelos candidatos que viessem a ser beneficiados pelas cotas. Após alguns dias de indefinição, foi divulgado no fim de janeiro de 2004 que o presidente Lula havia decidido encaminhar a proposta ao Congresso, na forma de projeto de lei, a fim de promover maior debate sobre o assunto.

Em fevereiro de 2004, o novo ministro da Educação, Tarso Genro, apresentou a proposta de criação do ProUni, que gerou ampla discussão, com reações críticas e favoráveis de diversos setores. Sem dúvida, ao reordenar o debate nesses termos, o governo ampliou o escopo da discussão, diluindo a questão específica da ampliação do acesso às universidades públicas. Uma das críticas recebidas foi exatamente esta: por que não investir o valor que seria equivalente a essa renúncia fiscal nas universidades federais, para que aí fosse expandido o número de vagas? O MEC alegou que, mesmo que essa medida fosse tomada, o número de vagas geradas seria muito menor.

Observou-se que, ao propor reservar vagas nas universidades privadas para estudantes oriundos de escola pública, negros, índios e professores com baixa qualificação, o MEC estaria justamente mantendo a segmentação (já existente), por meio da qual os alunos que estudaram em boas escolas no ensino médio iriam para as universidades públicas, enquanto os demais jovens que demandam vagas seriam encaminhados para as universidades privadas. Dessa forma, seria reproduzida a mesma estratificação já vigente no ensino superior.

Embora a proposta continuasse cercada de polêmicas, o governo decidiu criar o ProUni em 2004. O programa recebeu a adesão progressiva de centenas de instituições de ensino superior privadas em todo o país, ao mesmo tempo em que beneficiou já na sua primeira seleção cerca de 112 mil estudantes.

Nas edições seguintes, o programa continuou beneficiando progressivamente mais estudantes por meio de bolsas integrais e parciais. Além da bolsa que isenta total ou parcialmente o pagamento da mensalidade, os estudantes que estudam em horário integral também podem concorrer a bolsas de permanência, no valor de R$ 300,00 (trezentos reais) mensais, oferecidas em número variável a cada semestre.

A Tabela 6 apresenta as seguintes informações sobre o número de bolsas oferecidas pelo ProUni (2005-2007):

TABELA 6: BOLSAS OFERECIDAS PELO PROUNI, POR TIPO (2005-2007)			
Ano	Bolsa integral	Bolsa parcial	Total
2007	97.631	66.223	163.854
2006	98.698	39.970	138.668
2005	71.905	40.370	112.275
Total	268.234	143.563	414.797

Disponível em: <www.mec.gov.br>. Acesso em: 15 fev. 2009.

Notemos ainda a Tabela 7, que demonstra a distribuição das bolsas do ProUni por cor/raça:

TABELA 7: DISTRIBUIÇÃO DAS BOLSAS DO PROUNI POR COR/RAÇA (2005-2007)			
Cor/raça	1º semestre 2005	2º semestre 2006	1º semestre 2007
Brancos	46,7%	45,8%	51,4%
Negros (pretos + pardos)	51,3%	51,9%	46,6%
Amarelos	1,6%	2,3%	1,9%

Disponível em: <www.mec.gov.br>. Acesso em: 15 fev. 2009.

Segundo dados do MEC, o ProUni atendeu, desde sua criação até o processo seletivo do segundo semestre de 2008, cerca de 430 mil estudantes, sendo 70% desses com bolsas integrais.[8] Entre 2005 e o primeiro semestre de 2009, o programa beneficiou 541.085 estudantes. Atualmente (julho de 2009), 384.882 estudantes cursam graduação com bolsa integral ou parcial. No que diz respeito aos estudantes negros como beneficiários, entre 2005 e 2008, 197 mil estudantes que se autoclassificaram como negros no processo seletivo entraram no ensino superior por meio do ProUni. Entre 2005 e o primeiro semestre de 2009, 247.316 bolsistas se autodeclararam pretos ou pardos (negros).

8. Disponível em: <www.mec.gov.br>. Acesso em: 15 fev. 2009.

Embora tenha caráter inclusivo, o programa tem recebido críticas de diferentes setores que atuam no campo da educação superior, seja pelo fato de que tende a fortalecer a presença do setor privado no ensino superior (Gomes, 2008), seja porque, no caso das bolsas equivalentes a 50% do valor da mensalidade, torna-se difícil preencher o número de vagas disponíveis, pois as famílias de menor renda não podem arcar com os 50% restantes. Tem-se observado que os estudantes dos estratos sociais menos favorecidos têm menos condições econômicas de permanecer em um curso superior, ainda que recebam as bolsas do ProUni.

> Isso ocorre em especial no caso dos benefícios parciais destinados a cotistas. Pagar 50% da mensalidade para tais setores não resolve o problema do acesso na maioria dos casos. Mesmo com a articulação com o FIES, que permite financiar metade dos 50% a serem pagos – ou seja, o aluno pagaria 25% das mensalidades e depois de concluir o curso teria que devolver ao governo mais ¼ do valor total do curso –, os cotistas têm severas dificuldades econômicas para frequentar as IES. [...] O fator socioeconômico mostra-se, portanto, um grande impeditivo para muitos dos aspirantes a candidatar-se a uma vaga oferecida pelo ProUni (Catani & Hey, 2007).

Outro mecanismo de inclusão de estudantes de menor renda no ensino superior tem sido o FIES (Fundo de Financiamento ao Estudante do Ensino Superior), que substituiu o antigo Creduc (Crédito Educativo) e passou por reformas que possibilitaram que os estudantes de classe média baixa também pudessem acessar esse fundo para financiar sua faculdade. De 1999 para cá, o fundo beneficiou mais de 500 mil estudantes. Houve uma aplicação de recursos da ordem de R$ 4,6 bilhões entre contratações e renovações semestrais dos financiamentos desde a criação do programa.

Antes, a Caixa Econômica Federal, como órgão gestor do fundo, cobrava juros de mercado para fomentar a permanência do estudante de classe média na educação superior. No caso dos alunos mais pobres, a discriminação era ainda mais séria. Esses alunos não acessavam o crédito, pois não conseguiam apresentar um fiador para servir de garantidor da dívida com o banco.

Essa situação começou a mudar somente em 2002, quando a ONG Educafro entrou com representação no Ministério Público Federal arguindo a inconstitucionalidade do FIES, pois este, ao exigir fiança, acabava por excluir o estudante pobre do acesso ao fundo. O MP acolheu o pedido e entrou com ação civil pública, obtendo êxito e conseguindo proibir, por um bom tempo, que a Caixa exigisse fiador de estudantes pobres, até a decisão final do processo.

Esse fato potencializou uma procura em massa dos estudantes dos recursos do FIES, o que obrigou o governo FHC a começar a mudar o sistema. Essas mudanças foram ampliadas no governo Lula. Atualmente, o FIES possibilita ao bolsista parcial do ProUni financiar a integralidade dos encargos educacionais assumidos pelos estudantes bolsistas, ou seja, a parcela não coberta pela bolsa, no caso dos bolsistas parciais de 50% do ProUni.[9]

A institucionalidade dos programas de ação afirmativa no ensino superior

Na seção anterior traçamos um panorama dos principais programas de ação afirmativa vigentes hoje nas instituições de ensino superior brasileiras, tanto públicas quanto privadas. Observamos que um número expressivo de instituições públicas já vem adotando programas desse tipo e que, com o ProUni, milhares de instituições privadas aderiram ao sistema.

Cabe-nos agora examinar em que medida esses programas vigentes encontram-se assegurados dentro das instituições. Partimos da compreensão de que as políticas vão se consolidar à medida que se estabelecerem como ações permanentes ou de longo prazo, atravessando mudanças de governo, orientações político-partidárias e mudanças na gestão das instituições de ensino superior. É a isso que estamos chamando de institucionalidade dos programas de ação afirmativa. No conjunto dos programas atualmente existentes, identificamos riscos de instabilidade na operação e permanência dos programas que precisam ser analisados.

A institucionalidade das ações afirmativas nas instituições públicas de ensino superior

No caso das instituições públicas, interessa-nos analisar em que medida os diferentes tipos de institucionalização das políticas influenciam na aceitação, na implementação, nos resultados e na crescente democratização do

9. Disponível em: <www.mec.com.br>. Acesso em: 25 ago. 2009.

ensino superior. Nessas instituições, os programas de ação afirmativa foram adotados basicamente por meio de duas formas: leis (estaduais ou municipais) ou resoluções internas às instituições (conselho universitário, comissão do vestibular, pró-reitoria de graduação etc.).

Cabe observar que todas as trinta universidades federais que já possuem algum tipo de ação afirmativa aprovaram seus respectivos programas por meio de resoluções internas, já que não há lei ou portaria federal que regulamente a adoção de políticas de ação afirmativa nas instituições públicas de ensino superior.[10]

No universo das 79 instituições com programas de ação afirmativa, a criação destes se deu da seguinte forma:

- 28 instituições têm programas criados por lei estadual, incluindo uma lei distrital de Brasília/DF;
- três instituições têm programas criados por lei municipal;
- 48 instituições têm programas criados por resoluções do Conselho Universitário e outros mecanismos internos.

Essas informações revelam uma predominância de programas criados por mecanismos internos às instituições. De forma geral, os programas tendem a ter maior aceitação pela comunidade acadêmica quando criados por esses mecanismos internos. Nesses casos, observa-se que há espaço para maior debate junto a estudantes e professores, o que facilita um maior conhecimento sobre os fundamentos, regras e critérios dos programas.

No caso das leis estaduais, observa-se que há uma variedade de circunstâncias, mas em geral o debate não ocorreu de forma profunda nos espaços acadêmicos, e a arena de debate e deliberação sobre o tema transferiu-se para as Assembleias Legislativas. Há casos que evidenciaram o grande distanciamento entre os parlamentares responsáveis por propor leis sobre o assunto

10. Em junho de 2010 tramitava no Congresso o Projeto de Lei PLC nº 180/2008, que se encontra em debate na CCJ do Senado Federal, prevendo a criação de reserva de 50% das vagas em instituições federais de ensino superior e em escolas técnicas de nível médio para alunos egressos de escolas públicas autodeclarados negros e indígenas. Será considerada a porcentagem dessas etnias na população de cada estado de acordo com o IBGE. Metade desses 50% (25% do total) ainda obedecerá a um critério econômico, que leva em conta o rendimento mensal familiar, que não deve ultrapassar 1,5 salário mínimo por pessoa.

e a comunidade acadêmica, como ocorreu, por exemplo, na votação da primeira lei de cotas aprovada pela Assembleia Legislativa do Estado do Rio de Janeiro, que incidiu sobre a UERJ e a UENF (Peria, 2003). Ao mesmo tempo, um exemplo do Rio de Janeiro também pode ser citado para demonstrar uma maior integração entre essas agendas, quando da votação da segunda lei, vigente a partir de 2003. O processo de aprovação dessa lei contou, além de representantes das universidades envolvidas, também com a participação do Ministério Público e da Secretaria de Estado de Ciência e Tecnologia no debate, bem como com movimentos sociais e pré-vestibulares comunitários.

Ainda no caso das instituições públicas de ensino superior, a institucionalidade também pode ser analisada por meio de diferenças na criação de programas de ação afirmativa de caráter permanente e outros que estabelecem metas a serem atingidas dentro de um determinado período de tempo, ou então que implementam o programa já com tempo de duração predeterminado.

Em geral, a definição dessas características dos programas vem associada à diversidade de visões existentes naquele contexto particular sobre a implantação do programa. Pode refletir, também, o grau de polêmica gerada a partir da criação de programas de ação afirmativa. As visões podem variar desde uma perspectiva que privilegia a combinação de vários critérios e a percepção de que o programa será mais bem-sucedido se for implantado de forma gradativa, até a concepção de que o programa deve ser implantado para gerar uma ampliação imediata do número de vagas para grupos específicos, de forma mais simplificada. Certamente, não há receita ou resultado ideal para o alcance dos objetivos desses programas, e, sem dúvida, a possibilidade de avaliar de forma comparada os resultados da sua implantação após um certo período trará importantes aprendizados sobre a chamada "ação afirmativa à brasileira".

Verificamos que, na maioria dos casos existentes nas instituições públicas, há poucas informações ou detalhamento sobre os mecanismos de controle social associados a esses programas. Em alguns casos, são criadas comissões de acompanhamento para a execução e fiscalização do cumprimento das metas. Em outros, predominam a gestão e fiscalização no âmbito dos espaços voltados para processos de seleção, como a comissão do vestibular. Há ainda as instituições que vinculam a responsabilidade pela execução do plano aos órgãos responsáveis pela assistência ao estudante. Ou ainda são designados os NEABs (Núcleos de Estudos Afro-brasileiros), existentes em dezenas de instituições de ensino superior no país, na sua maioria públicas. Esse quadro retrata também a variedade de arranjos institucionais existentes. O que acreditamos ser motivo de preocupação é a escassa presença de instâncias de acompanhamento da execução desses programas por parte dos estudantes. Beneficiários principais dos programas, consideramos que poderiam estar mais envolvidos no seu desenvolvimento, acompanhamento e avaliação.

Seja do ponto de vista da sustentabilidade política – junto ao público interno e externo das instituições –, seja no que diz respeito à sustentabilidade no tempo – continuidade e permanência de médio e longo prazos –, os programas de ação afirmativa nas instituições públicas de ensino superior, notadamente nas universidades federais e estaduais, precisam ter seus resultados constantemente monitorados e analisados, a fim de gerar novos conhecimentos relevantes para a ampliação geográfica e o aperfeiçoamento dos programas já existentes.

A institucionalidade das ações afirmativas nas instituições privadas de ensino superior

No caso das instituições privadas de ensino superior, o principal programa de ação afirmativa existente, como já foi visto, é o ProUni. Em comparação com a regulamentação das ações afirmativas nas instituições públicas, o ProUni encontra-se em situação mais estável, por estar regulamentado por lei federal desde 2005.

Os riscos associados ao ProUni são mais relacionados, hoje, ao alcance e à capacidade que o programa terá para continuar absorvendo, em um ritmo constante, a inclusão de novos estudantes de menor renda, principalmente no caso dos bolsistas parciais (50% da mensalidade).

Já se podem observar hoje, cinco anos após a criação do programa, alguns limites a essa expansão. Como apontam alguns autores (Oliveira et al., 2006), será progressivamente mais difícil encontrar o público destinado a frequentar o ensino superior capaz de ser incluído com sucesso no ProUni. Eles apresentam o seguinte exercício para reflexão, com base em estimativas a partir de dados do início da década:

> Para encontrar o número de jovens com idade entre 18 e 24 anos, que somam 22.940.218, capazes de pagar seus estudos, estimaremos quantos deles estão entre as classes de renda acima de dez salários mínimos. 23.806.258 pessoas residem em domicílios com renda na faixa de dez a vinte salários mínimos, o que representa 14,2% da população total de 168.438.539. Considerando essa mesma proporção, 14,2%, podemos encontrar, do total de jovens com idade entre 18 e 24 anos, quantos fazem parte dessas duas classes de renda mais elevadas. Calculando 14,2% de 22.940.218, que é o número de jovens na faixa etária em estudo, encontramos 3.257.511 pessoas que poderiam pagar o ensino superior privado. Esse número de pessoas que poderiam pagar mensalidades foi obtido considerando-se como responsável pelo pagamento um esforço de toda a família, pois a renda considerada é a renda total domiciliar, o que certamente faz com que ele esteja superdimensionado. O Censo Educacional do Ensino Superior apresentou, em 2002, um total de 3.479.913 estudantes; desses, 2.428.258 (69,8%) estudavam em instituições privadas e 1.051.655 (30,2%) em instituições públicas. O número de estudantes que poderiam pagar estaria, portanto, se aproximando do limite. Para atingir a meta de termos 6.882.065 estudantes no ensino superior, dependeria, então, fundamentalmente, da expansão de vagas no setor público.

Embora não seja exaustivo, esse exercício permite uma visualização dos limites que o sistema enfrenta para produzir uma efetiva expansão do número de jovens de 18 a 24 anos no ensino superior. Sem dúvida, as bolsas do ProUni são um caminho importante de amenização desse quadro, mas ainda são insuficientes.

Outro ponto que merece atenção ao analisarmos a institucionalidade do ProUni é o que diz respeito ao risco de que um número significativo de estudantes não chegue a concluir o curso para o qual foram admitidos por meio de bolsas, em função da inadimplência – no caso das bolsas parciais – ou de desistência, muitas vezes motivada pela baixa qualidade dos cursos. Como afirma Carvalho (2006):

> Aqueles que demandam ensino superior percebem que a qualidade das instituições privadas é bastante diversificada e que os serviços educacionais oferecidos não são homogêneos. Instituições tradicionais e aquelas cujas estratégias de *marketing* são mais agressivas provavelmente terão menor incerteza quanto ao preenchimento das vagas oferecidas do que as demais.

Outro tema também merece reflexão quando abordamos a questão da sustentabilidade política e da continuidade do ProUni. Trata-se da escassez de informações desagregadas disponíveis que permitam um detalhamento da análise das bolsas concedidas por instituição de ensino superior, o detalhamento dos cursos disponíveis e/ou escolhidos, entre outros (Carvalho, 2006).

Considerações finais

As informações brevemente exploradas no decorrer deste texto, embora não exaustivas, permitem elaborar algumas conclusões sobre o atual quadro do ensino superior no Brasil, as perspectivas de sua expansão e o papel que os programas de ação afirmativa já existentes possuem na democratização do acesso ao ensino superior.

A primeira conclusão é que, por escolhas – ou, como afirma Nunes (2007), principalmente por "não escolhas" –, o ensino superior no Brasil expandiu-se de maneira relevante nas duas últimas décadas, porém de forma desequilibrada, privilegiando a expansão por meio do ensino privado e com grandes diferenças de qualidade no ensino oferecido.

Os programas de ação afirmativa que passaram a ser implantados a partir de 2002 buscaram criar oportunidades para ampliar a inclusão no ensino superior de grupos anteriormente pouco presentes nesse nível de ensino: estudantes oriundos de escola pública, estudantes de menor renda, negros e indígenas. No ensino superior público, esses programas vêm progressivamente incorporando estudantes mediante cotas ou pontuação adicional, seguindo normatizações diversas de acordo com as regras internas às instituições ou legislações estaduais e municipais. No setor privado, a inclusão vem se dando basicamente por meio das bolsas do ProUni.

Outra conclusão que emerge a partir das informações apresentadas é que, apesar dos expressivos avanços numéricos alcançados pelos dois mecanismos de ação afirmativa vigentes, a continuidade do crescimento do número de estudantes egressos de escola pública, pobres, negros e indígenas no ensino superior depende também de políticas que se estendam para além do âmbito específico dessas instituições de ensino.

Uma das grandes lacunas existentes hoje e que apenas começa a ser enfrentada pela sociedade brasileira é a questão da grande desigualdade na qualidade do ensino médio. Esse nível de ensino apresenta uma variedade de problemas, que vão desde sua insuficiente cobertura até o grande índice de defasagem idade/série e de evasão.

Com a maior parte das vagas nesse nível de ensino oferecidas por escolas públicas, 37,3% dos matriculados com mais de 18 anos e 63% dos estudantes no período noturno, o ensino médio passa hoje por um momento de crise e reavaliação de seu papel, conteúdo e relevância, seja como espaço de formação profissional, seja como preparação para o ensino superior, ou como momento de formação de cidadãos (Krawczyk, 2009).

No final de 2008, iniciou-se formalmente o debate sobre a ampliação da obrigatoriedade do ensino médio no país, estendendo-se a escolarização obrigatória até 17 anos. Tal mudança deve ser feita por meio de uma emenda constitucional votada pelo Congresso Nacional. E, caso aprovada, o Ministério da Educação reconhece que serão necessários alguns anos para que a rede pública de ensino se adapte à nova situação.

Na transição entre o ensino médio e o ensino superior, observamos também situações que precisam ser enfrentadas nos mecanismos de seleção atualmente existentes. Como já foi demonstrado amplamente por muitos estudos empíricos e apontado por vários movimentos sociais, em particular o movimento negro, os mecanismos de seleção por meio de exames vestibulares serviram durante muito tempo para criar um enorme filtro com o qual apenas os estudantes com melhor formação no ensino médio e histórico familiar de maior escolaridade dos pais conseguiam ter sucesso para obter vaga em uma instituição pública de ensino superior.

Os mecanismos de ação afirmativa atualmente em curso, em cerca de um terço das instituições públicas de ensino superior, são um instrumento importante para que essa barreira do vestibular seja enfrentada, porém é necessário que outros mecanismos de seleção sejam aprimorados – como a adoção do ENEM (Exame Nacional do Ensino Médio) como critério de seleção em instituições públicas – para garantir essa ampliação de estudantes pobres e de grupos discriminados no ensino superior.

Ao mesmo tempo, outro desafio se abre: a necessidade de expansão efetiva do número de vagas nas instituições públicas de ensino superior. Ainda que se tenha obtido um avanço expressivo no aumento do número de vagas em instituições públicas na última década, o universo alcançado ainda é insuficiente, principalmente se levamos em conta aspectos como oferta de cursos noturnos, apoio à permanência dos estudantes de menor renda e desigual distribuição regional da oferta de ensino superior, principalmente público. Como afirmam Catani e Hey (2007):

> Da média nacional de 17,3% de matriculados em IES sobre o total da população (Taxa de Matrícula Bruta, TMB), [...] registram-se grandes disparidades regionais, sendo que o sul e o sudeste, respectivamente, têm uma TMB de 24,7% e 20,8% e o nordeste, de 9,5%. As outras duas regiões, menos populosas, ficam com taxas de 22,1% (centro-oeste) e 12,1% (norte). No caso dos jovens de 18 a 24 anos sobre o total da população nessa idade, a porcentagem de matriculados cai vertiginosamente.

A fim de enfrentar esses desafios, o Ministério da Educação estabeleceu o ReUni (Programa de Apoio a Planos de Reestruturação e Expansão das Universidades Federais), que tem como principal objetivo o aumento do número de vagas e a redução das taxas de evasão nos cursos presenciais de graduação, além de melhorar outros indicadores das instituições federais de educação superior. Estão previstos recursos adicionais para as universidades na ordem de R$ 7,2 bilhões para os próximos cinco anos. "Em contrapartida, as universidades federais deverão aumentar para 90% a taxa de conclusão dos cursos de graduação presenciais, bem como elevar a 18 o número médio de alunos por docente, que atualmente se situa em torno de 10" (Castro & Aquino, 2008). O MEC afirma que:

> O ReUni permite uma expansão democrática do ensino superior, o que aumentará expressivamente o contingente de estudantes de camadas sociais de menor renda na universidade pública. O desdobramento necessário dessa democratização é a necessidade de uma política nacional de assistência estudantil que, inclusive, dê sustentação à adoção de políticas afirmativas (MEC/INEP, 2008).

Trata-se, portanto, de um desafio importante promover, ao longo dos próximos anos, a consolidação de medidas que ampliem e facilitem o acesso de estudantes egressos de escola pública, de menor renda e de grupos discriminados ao ensino superior público. Cabe registrar, porém, que o plano do ReUni não inclui a adoção de programas de ação afirmativa como condição para as universidades receberem o financiamento.

Outra frente importante em que é preciso atuar para garantir o sucesso dos programas de inclusão no ensino superior diz respeito à constante avaliação dos programas em curso, inclusive com a facilitação do acesso aos dados sobre os programas de ação afirmativa para os pesquisadores que atuam na área. Também é importante que os mecanismos de avaliação de qualidade do ensino superior no Brasil, tanto público quanto privado, sejam aprofundados e fortalecidos, para que se caminhe na direção de instituições de ensino que realmente contribuam para a formação profissional dos jovens que ali ingressam, e que estes tenham chances ampliadas no mercado de trabalho.

Finalmente, é importante trazer uma reflexão mais geral sobre o tema da ampliação de oportunidades para jovens oriundos de escola pública, de menor renda e negros no ensino superior dentro do debate mais amplo sobre a luta contra o racismo e a desigualdade racial no Brasil.

Como afirma Almeida (2007):

> A redemocratização brasileira é ainda um processo recente e eivado de problemas não resolvidos. Um destes obstáculos refere-se à permanência das desigualdades fundamentadas em condições adscritas, isto é, características não mutáveis inerentes a um indivíduo, tais como cor e sexo, a influir na definição das oportunidades de ingresso no mercado de trabalho, progressão na carreira, desempenho educacional, acesso ao ensino superior, participação na vida política etc.

A fim de dar respostas a esse quadro de democracia incompleta, as ações afirmativas no ensino superior trazem uma contribuição relevante, ao atuarem em um universo que tradicionalmente foi reservado à elite política, econômica e cultural do país. Sabemos que essas medidas não vão alterar o grande quadro de desigualdade racial existente no Brasil, particularmente no campo da educação. Entretanto, a reserva de vagas no acesso ao ensino superior deve ser vista como parte de uma estratégia mais ampla de melhoria da educação e como uma maneira concreta de incorporar um número significativo de estudantes que, apesar de todas as dificuldades do caminho, conseguiram concluir o ensino médio e hoje "forçam as portas" das universidades.

Essa escolha histórica que hoje o Brasil faz tem consequências importantes do ponto de vista da inclusão social e da ampliação de oportunidades. Trata-se de uma escolha que de forma nenhuma nega a nossa identidade nacional ou recusa a utopia da igualdade. Ao contrário: permite que se caminhe em direção à utopia. Sem essas medidas, o Brasil continuará simplesmente reproduzindo suas desigualdades.

Referências bibliográficas

ALMEIDA, M. M. de M. Ações afirmativas: dinâmicas e dilemas teóricos entre a redistribuição e o reconhecimento. *Anais* do II Seminário Nacional Movimentos Sociais, Participação e Democracia, 25 a 27 de abril de 2007. Florianópolis: UFSC, 2008.

BERNARDINO, J.; GALDINO, D. (orgs.). *Levando a raça a sério*: ações afirmativas e universidades. Rio de Janeiro: DP&A, 2003.

BOWEN, W.; BOK, D. *O curso do rio*: um estudo sobre ação afirmativa no acesso à universidade. Rio de Janeiro: CEAB/UCAM/Garamond, 2004.

BRANDÃO, A. A. P.; TEIXEIRA, M. de P. (orgs.). *Censo étnico-racial da Universidade Federal Fluminense e da Universidade Federal de Mato Grosso – dados preliminares*. Niterói: EdUFF, 2003.

CARVALHO, C. H. A. de. O ProUni no governo Lula e o jogo político em torno do acesso ao ensino superior. *Educ. Soc.*, Campinas, v. 27, n. 96 – Especial, p. 979-1.000, out. 2006. Disponível em: <http://www.cedes.unicamp.br>.

CASTRO, J. A. de; AQUINO, L. *Juventude e políticas sociais no Brasil*. Brasília: IPEA, 2008. Texto para discussão 1335.

CATANI, A. M.; HEY, A. P. A educação superior no Brasil e as tendências das políticas de ampliação do acesso. *Atos de Pesquisa em Educação* – PPGE/ME FURB, v. 2, n. 3, p. 414-429, set./dez. 2007.

CUNHA, L. A. Desenvolvimento desigual e combinado no ensino superior – estado e mercado. *Educ. Soc.*, Campinas, v. 25, n. 88 – Especial, p. 795-817, out. 2004. Disponível em: <http://www.cedes.unicamp.br>.

FERES JR., J.; ZONINSEIN, J. (orgs.). *Ação afirmativa e universidade*: experiências nacionais comparadas. Brasília: UnB, 2006.

FERREIRA, R. O mapa das ações afirmativas no ensino superior. 2006. Disponível em: <www.politicasdacor.net>. Acesso em: 15 fev. 2009.

GOMES, A. M. As reformas e políticas da educação superior no Brasil: avanços e recuos. In: MACEDO, D.; SILVA JR., J. dos R.; OLIVEIRA, J. F. de (orgs.). *Re-*

formas e políticas: educação superior e pós-graduação no Brasil. Campinas: Alínea, 2008. Coleção Políticas Universitárias.

GUIMARÃES, A. S. A. O desempenho dos negros nos vestibulares da USP: 2001-2005. *Anais* da II Conferência da Rede de Estudos sobre Ação Afirmativa (REAA). Rio de Janeiro: Iuperj, 2006, 15 p.

HERINGER, R. Políticas de promoção da igualdade racial no Brasil: um balanço do período 2001-2004. In: FERES JR., J.; ZONINSEIN, J. (orgs.). *Ação afirmativa e universidade*: experiências nacionais comparadas. Brasília: UnB, 2006, p. 79-109.

HERINGER, R.; FERREIRA, R. Análise das principais políticas de inclusão de estudantes negros no ensino superior no Brasil no período 2001-2008. In: PAULA, M. de; HERINGER, R. *Caminhos convergentes*: Estado e sociedade na superação das desigualdades raciais no Brasil. Rio de Janeiro: Fundação Heinrich Boll/ ActionAid, 2009.

INSTITUTO DE PESQUISA ECONÔMICA APLICADA – IPEA. PNAD 2007 – primeiras análises. Brasília: IPEA, 2008. Comunicado da Presidência n. 12.

KRAWCZYK, N. *O ensino médio no Brasil.* São Paulo: Ação Educativa, 2009, v. 6, Coleção Em Questão.

MEC/INEP. Censo da educação superior. 2009. Disponível em: <www.inep.gov.br>. Acesso em: 11 abr; 2009.

_____. O Plano Nacional de Desenvolvimento da Educação: razões, princípios e programas. Brasília: MEC/INEP, 2008.

MOEHLECKE, S.; CATANI, A. M. Reforma e expansão do acesso ao ensino superior: balanço e proposições. In: MOEHLECKE, S.; CATANI, A. M. et al.. *Políticas de acesso e expansão da educação superior*: concepções e desafios. Brasília: MEC/ INEP, 2006.

NUNES, E. Desafio estratégico da política pública: o ensino superior brasileiro. *RAP – Revista de Administração Pública*, Rio de Janeiro, Edição Especial Comemorativa 103-47, 1967-2007, 2007.

OLIVEIRA, J. F. de; DOURADO, L. F.; AMARAL, N. C. Desafios e perspectivas de uma política para as Instituições Federais de Ensino Superior (IFES). In: MOEHLECKE, S.; CATANI, A. M. et al. *Políticas de acesso e expansão da educação superior*: concepções e desafios. Brasília: MEC/INEP, 2006.

PAIVA, A. R. (org.). *Ação afirmativa na universidade*: reflexão sobre experiências concretas Brasil-Estados Unidos. Rio de Janeiro: Editora PUC-Rio, 2004.

PAIXÃO, M.; CARVANO, L. M. (orgs.). *Relatório anual das desigualdades raciais no Brasil. 2007-2008*. Rio de Janeiro: Garamond, 2008.

PERIA, M. *Ação afirmativa*: um estudo sobre a reserva de vagas para negros nas universidades públicas brasileiras. O caso do Estado do Rio de Janeiro. Dissertação (Mestrado), Rio de Janeiro: PPGAS/MN/UFRJ, 2004.

PETRUCCELLI, J. L. Mapa do ensino superior brasileiro. Rio de Janeiro: Políticas da Cor/LPP/UERJ/Seppir, 2004. Série Ensaios & Pesquisas n. 1. Disponível em: <www.politicasdacor.net>.

SANTOS, R. E. Política de cotas raciais nas universidades brasileiras – o caso da UERJ. In: FERES JR., J.; ZONINSEIN, J. (orgs.). *Ação afirmativa e universidade*: experiências nacionais comparadas. Brasília: Editora da UnB, 2006.

SANTOS, R. E.; LOBATO, F. (orgs.). *Ações afirmativas*: políticas públicas contra as desigualdades raciais. Rio de Janeiro: DP&A/LPP-UERJ, 2003. Coleção Políticas da Cor.

SANTOS, S. A. dos; CAVALLEIRO, E.; BARBOSA, M. I. da S.; RIBEIRO, M. Ações afirmativas: polêmicas e possibilidades sobre igualdade racial e o papel do Estado. *Estudos Feministas*, Florianópolis, v. 16, n. 3, p. 424, set.-dez. 2008.

SILVA, A. P. da; BRANDÃO, A.; MARINS, M. T. A. *Educação superior e relações raciais*. Niterói: EdUFF, 2009.

SILVA, P. B. G.; SILVÉRIO, V. R. (orgs.). *Educação e ações afirmativas*: entre a injustiça simbólica e a injustiça econômica. Brasília: INEP/MEC, 2003.

TEIXEIRA, M. de P. *Negros na universidade*: identidade e trajetórias de ascensão social no Rio de Janeiro. Rio de Janeiro: Pallas, 2003.

TELLES, E. *Racismo à brasileira*: uma nova perspectiva sociológica. Rio de Janeiro: Relume-Dumará, 2003.

THEODORO, M. (org.). *As políticas públicas e a desigualdade racial no Brasil 120 anos após a abolição*. Brasília: IPEA, 2008.

CLASSIFICAÇÃO RACIAL E POLÍTICAS DE AÇÃO AFIRMATIVA NAS UNIVERSIDADES

José Luís Petruccelli[1]

Vivemos, atualmente, uma virada de página na história das relações raciais no Brasil após ter-se assistido, nas três décadas mais recentes, a fatos marcantes para essa mudança: o ressurgimento do movimento negro nos anos 1970; o início dos estudos de corte mais acadêmico dos anos 1980; as referências pontuais à questão racial dos anos 1990; os festejos pelos cem anos da abolição em 1988 e a marcha Zumbi dos Palmares – Contra o Racismo, pela Igualdade e a Vida, em 1995; o reconhecimento oficial pelo governo brasileiro da existência do racismo na sociedade brasileira; e, como marco internacional, o fim do *apartheid* na África do Sul. Mas, a partir da conferência de Durban, organizada pelas Nações Unidas, contra o racismo, a intolerância e a xenofobia, em 2001, a questão racial passou a figurar na ordem do dia no país, integrando-se ao quotidiano da vida das pessoas.

Nos dias de hoje, é uma questão que se apresenta quotidianamente para as pessoas no trabalho, na escola, no atendimento à saúde, ao assistir ao jornal e à novela na televisão etc., situação para a qual o debate em torno das políticas públicas de ação afirmativa e, em particular, o foco em relação à proposta de cotas raciais de admissão nas universidades têm contribuído significativamente.

1. Pesquisador titular do IBGE e doutor em Ciências Sociais pela École des Hautes Études en Sciences Sociales.

A classificação étnico-racial: uma questão de longa data

É sabido que a forma como são percebidos e classificados do ponto de vista da aparência física segmentos da sociedade condiciona a vida de cada indivíduo, podendo resultar em estigma e desvantagens nas suas vidas para uns e capital social para outros.

Assim, na época da escravidão, nos casos de fuga, por exemplo, os donos de escravos publicavam anúncios de busca com a descrição física mais acurada possível, incluindo os detalhes de nuanças de cor da pele, dos cabelos e outros traços ou marcas, como cicatrizes ou falta de algum membro, para permitir e facilitar a identificação e a recuperação de quem tivesse fugido. Desenvolveu-se, dessa maneira, desde aquela época, uma terminologia de descrição da aparência ou traços físicos das características raciais dos indivíduos.

Oficialmente, nas estatísticas públicas, foi na ocasião do primeiro Censo nacional de população, em 1872, que se cristalizou um sistema de classificação da cor no país, com as categorias de: branco, preto, pardo e caboclo. Mas na operação censitária, que distinguia a população segundo sua condição civil em livres e escravos, se os primeiros se autoclassificavam quanto à cor, os últimos eram classificados pelos seus donos.

Em 1890, data do segundo Censo, trocou-se o termo pardo por mestiço na classificação. Época de forte predomínio das doutrinas racistas, os traços aparentes, o fenótipo, de 1872, dá lugar à ideia de misturas, de mestiçagem de raças na classificação seguinte.

Nos Censos de 1900 e 1920 não foi incluída a classificação racial, e as operações censitárias previstas para 1910 e 1930 não foram realizadas. Período contaminado por um sentimento de inferioridade na sociedade, a partir das expressões de alguns estudiosos que enxergavam a composição da sociedade brasileira, com seu legado africano e indígena, à luz das ainda hegemônicas doutrinas racistas.

O início do século XX se caracteriza pelas diferentes propostas de construção de uma identidade nacional, pretendendo chegar a solucionar o "problema" negro e indígena apelando para a simples eliminação desses grupos raciais na população, seja pelo branqueamento – miscigenação com o grupo branco – ou até pelo genocídio, direto ou no sentido de uma sistemática omissão na garantia das condições de reprodução desses grupos raciais.

Assim, desde a segunda metade do século XIX, é impulsionada no país uma política de imigração seletiva, ou seja, não de qualquer origem, mas privilegiando a europeia, ou "caucásica", no dizer dos norte-americanos. Buscam-se, assim, suíços, alemães, nórdicos, de preferência; tempos depois, aceitam-se, não sem certa relutância, italianos, espanhóis, menos valorizados, mas, do ponto de vista da época, "ao menos, brancos". Esse projeto de branqueamento da população brasileira representa a outra face da ideologia da mestiçagem. Ideologia que sustenta o mito do encontro das três raças fundadoras da população brasileira e que se traduz em uma "celebração abstrata da interpenetração das culturas" (Carvalho, 2003), mas que nega na prática a possibilidade de expressão legítima das identidades raciais negra e indígena. Por outro lado, em qualquer hipótese o mestiço era admitido apenas "como elemento transitório que levaria à constituição de uma nação de brancos" (Costa, 2006).

Continuando com os censos e as classificações oficiais, em 1930 não houve levantamento estatístico por causa da situação política do país, sendo retomada a série censitária em 1940. Neste ano foi incorporada a categoria "amarelo" na classificação, para dar conta da imigração japonesa acontecida, basicamente, entre 1908 e 1929, depois de superadas as resistências parlamentares. Nesse período, virada do século XIX para o XX, de predomínio das doutrinas racistas, criticava-se a proposta de trazer imigrantes asiáticos aduzindo que, após a africanização do Brasil, o país não suportaria uma mongolização.

Nesse censo aceitavam-se como respostas à classificação racial os termos branco, preto e amarelo, mas a instrução de preenchimento orientava que, perante qualquer outra resposta, fosse lançado um traço no espaço correspondente. Posteriormente, esse traço foi codificado com o termo pardo.

Com exceção do Censo de 1970, quando a pergunta foi excluída do levantamento, os demais, até 1991, mantiveram essa categorização. Foi nesse ano que a categoria indígena se viu reintroduzida na classificação, depois de 101 anos de ausência, passando a pergunta a ser chamada como de cor ou raça, desde que, supostamente, indígena seria uma raça e não uma cor, como as outras categorias.

Assim é que em 2000 encontramos as cinco categorias atualmente utilizadas nas pesquisas, pela ordem em que aparecem: branco, preto, amarelo, pardo e indígena.

A classificação étnico-racial: os dados mais recentes

No último quarto do século XX, foram realizadas no país duas experiências de coleta de dados, uma com a PNAD, de 1976, e a outra com a PME, de julho de 1998, na tentativa de ampliar o conhecimento disponível sobre as categorias de classificação racial da população nas pesquisas.

Os resultados obtidos com a pergunta espontânea de cor, nesses dois levantamentos, levou ao conhecido debate sobre quantas categorias de cor/raça existiam e quantas seriam as adequadas para dar conta da classificação racial no Brasil.

A partir do número de respostas levantado, que foi de 136 em 1976 e de 143 em 1998, surgiram as críticas da possibilidade de construir uma classificação racial representativa através das pesquisas; de que esta é uma questão muito complicada e de que ninguém sabe quem é o quê neste país, opinião pretensamente fundamentada na origem mestiça da população brasileira, pela qual não se saberia quem é negro e quem não é. O espectro da ideologia da mestiçagem levanta-se outra vez, para mostrar como políticas públicas de ação afirmativa focalizadas em grupos raciais não seriam viáveis, já que não dá para identificar os beneficiários. É a suposta igualdade mestiça escamoteando, de fato, o preconceito racial hegemônico.

Essa falsa polêmica alimenta diversas expressões do preconceito contra a possibilidade de implementar políticas públicas de ação afirmativa no país. Assim, embora provavelmente de forma inadvertida, um pesquisador que contribuiu muito para evidenciar as desigualdades raciais no Brasil fala dos "190 rótulos" que teriam aparecido na PNAD de 1976 (Silva, 1992). Em trabalhos posteriores ele se corrige, mas é citado acriticamente, muitas vezes sem referência à fonte, por outros autores que acharam uma boa oportunidade de extravasar seus preconceitos.

Outro autor, analisando os dados da PME de 1998, fala das "quase 200 respostas" (Schwartzman, 1999), quando, de fato, foi obtido um total de 143, número bastante distante do mencionado.

Uma reportagem no *Jornal do Brasil* de agosto de 2001, entrevistando o presidente do IBGE da época e intitulada "As 300 cores dos brasileiros", afirma que a pesquisa encontrou "uma salada de mais de 300 respostas". Além do descrédito na desqualificação de "salada", o fato é que a quantidade de respostas alcançou menos da metade.

E por aí se vai de exagero em exagero. Mas o que não é mencionado nos diversos artigos e é de suma importância ser ressaltado é que, entre todos os nomes encontrados, pouco mais de meia dúzia dá conta de praticamente todo o universo de respostas. Eles são, além dos cinco clássicos utilizados para a categorização racial, o "moreno" e alguma outra variante deste. Esfuma-se, assim, a ideia da complicação no sistema de classificação.

O que deve ser ressalvado, entretanto, é que o termo "pardo" se mantém como categoria residual, tal como foi no início do seu uso, gerando certo desconforto na classificação, principalmente devido a seu caráter polissêmico. É que, dentro dessa categoria, cabem tanto os afrodescendentes/negros, que são absoluta maioria, como os índio-descendentes, e em alguns lugares, como no centro-oeste, em particular Brasília ou Cuiabá, é utilizado como referência a uma origem histórico-geográfica.

Em resumo, dois aspectos merecem ser destacados: primeiro, que a quase totalidade dos brasileiros se identifica de acordo com um conjunto bem restrito de representações de cor; segundo, que tanto as denominações espontâneas como a relação destas com as categorias clássicas predeterminadas guardam uma notável estabilidade. Assim, as críticas à possibilidade de construção e utilização de uma classificação nas pesquisas revelam-se inadequadas e mostram-se injustificadas (Petruccelli, 2007).

Desigualdades socioeconômicas: resultados das pesquisas

O que todas as fontes de informações e pesquisas, censos, PNADs do IBGE, análises do IPEA, Relatório Anual das Desigualdades Raciais do Laeser, Relatório de Saúde do Ministério e outros apontam é para as persistentes e intoleráveis desigualdades raciais dos indicadores socioeconômicos na sociedade brasileira e, em especial, no que diz respeito ao acesso ao nível superior de ensino.

Ou seja, para sofrer as desvantagens não se têm dúvidas, todo mundo no país sabe quem é quem, seja negro, indígena ou qualquer segmento subalternizado da sociedade, mas, quando se trata de identificar o potencial beneficiário de políticas públicas, começam as incertezas.

Nesse sentido, merece ser destacado o comportamento por vezes bipolar do sistema de discriminação do país. Porque, se nas pesquisas aparece uma variedade terminológica que, supõe-se, pode obstaculizar a identificação étnico-racial das pessoas, na hora de discriminar a sociedade costuma se comportar de forma ambígua:

- como membro do grupo que usufrui de forma privilegiada das vantagens e entesoura os bens escassos: educação, renda, moradia adequada, atendimento à saúde de bom nível, ou seja, a pessoa é identificada como branca pela sociedade;
- ou é identificada, percebida, classificada como o *outro* inferiorizado, não branco, seja indígena, cigano, negro, nordestino, quilombola.

Assim, o racismo institucional, ou a prática de discriminação indireta (Simon, 2005), estrutura as relações de poder na sociedade brasileira, produzindo e reproduzindo as gritantes desigualdades evidenciadas pelas mais diferentes pesquisas. O que, por outro lado, não é exclusivo do Brasil, já que ele – o racismo – atravessa toda a geografia do planeta e toda a história da humanidade e que, ademais, se vê acompanhado pelo seu par quase inseparável, o sexismo, ideologias que sustentam tanto a supremacia racial, por um lado, quanto o patriarcalismo, por outro.

O debate atual em torno das políticas públicas

O presente debate em torno das políticas públicas de ação afirmativa de cunho racial vem mudando essa situação. Hoje, vemos ser questionada a suposta homogeneidade racial da população brasileira.

Nesse sentido, o governo aprovou decretos apontando para o reconhecimento da multiculturalidade, multietnicidade e multirracialidade da sociedade brasileira, permitindo a expressão legitimada de povos e comunidades tradicionais e a elaboração de uma política sustentável para estes. Isso significa que grupos étnico-raciais, como os de ciganos, caiçaras, quilombolas, ribeirinhos etc., se constituem em identidades étnico-raciais legítimas de se verem representadas nas estatísticas oficiais, além de negros/afrodescendentes, indígenas, pardos e que também são portadores legítimos de reivindicações para atender às suas necessidades específicas.

Podemos resumir da seguinte maneira a dupla função que cumpre a classificação por grupos raciais nas pesquisas: permite, por um lado, a expressão das identidades socialmente pertinentes nas estatísticas oficiais e detecta, por outro, deficiências focalizadas para poder contribuir na elaboração de políticas públicas que as atendam.

Função da classificação

Normalmente, oculta-se uma função prática implícita em toda forma de categorização: a competição por impor uma visão e uma di-visão (ao dizer de Bourdieu) do mundo social, por meio de princípios que produzem o sentido e o consenso sobre as identidades dos grupos (Bourdieu, 1980).

Hoje, novos sujeitos de direito às reivindicações se apresentam no cenário social, reclamando a correção de injustiças sociais com políticas compensatórias de desigualdades históricas, políticas proativas de correção da intolerável situação de sofrimento a que se veem submetidos os grupos estigmatizados.

Mas as reações não só reincorporam a ideologia da mestiçagem, como também apelam para uma vertente "científica" que se traduz no discurso dos biólogos geneticistas. Que fique claro: a genética tem um papel científico bem importante e traz uma contribuição interessante no estudo dos processos de povoamento e dos percursos de migrações históricas.

Mas não há lugar para o DNA humano no campo das representações sociais dos grupos raciais; falamos da diferença já estabelecida há tempos entre marca e origem. Entre fenótipo e genótipo. Entre aparência e o que pode constituir o código genético de um ser humano. Os próprios geneticistas já responderam da mesma forma em um artigo publicado em 2004:

> Tendo em vista a nova capacidade de se quantificar objetivamente, por meio de estudos genômicos, o grau de ancestralidade africana de cada indivíduo, pode a genética definir quem deve se beneficiar das cotas universitárias e demais ações afirmativas? *Prima facie* poderia parecer que sim, mas a nossa resposta é um enfático NÃO (Pena & Bortolini, 2004).

Para estabelecer um paralelo com a má utilização atual da genética, que pretende fundamentar uma suposta homogeneização racial da população brasileira baseada na composição genômica, é interessante citar Platão e o seu relato de que os cidadãos da República, na Grécia clássica, deviam ser educados e classificados, de acordo com seus méritos, em três classes: os dirigentes, os auxiliares e os artesãos. Para fundamentar essa divisão, Sócrates se vê forçado a inventar um mito ante os questionamentos de Glauco, discípulo seu:

> Todos fazem parte da cidade, [...] mas, [...] produzindo aqueles que são destinados ao comando, foi misturado o ouro à sua substância, o que explica sua condição elevada; a prata entre os que estão para auxiliar; o ferro e o bronze nos agricultores e nos homens de ofício.

Os que se valem do discurso da genética para fundamentar a impossibilidade das ações afirmativas no campo das relações raciais no Brasil transitam por percursos similares. Entretanto, um aspecto desta estratégia intelectual tem mudado: é que "Sócrates sabia que mentia" (Gould, 1983).

Políticas públicas de ação afirmativa nas universidades

Assim, as políticas públicas de ação afirmativa nas universidades brasileiras podem ser consideradas atualmente como um ato consumado. Em apenas sete anos passou-se de poucas iniciativas (UnB, UERJ), seguidas de debates (e embates) e questionamentos diversos, a uma fase de implementação de uma política que ainda não é de Estado, mas da ordem institucional das universidades públicas do país, em mais de 66 instituições nacionais.

Mas existem as exceções. E dentro da nossa perspectiva de análise até as exceções contam, já que, por exemplo, o projeto da USP-Leste, de funcionamento de algumas faculdades em uma área geográfica socialmente desfavorecida, pode ser visto como uma tentativa de apresentar uma proposta alternativa inscrita no mesmo processo, como outras universidades também estão se esforçando a pensar. Ou seja, já não é bem recebido não ter nenhuma proposta nessa área; há de se mostrar alguma coisa que vise a dar conta das desigualdades de acesso.

Assim, o objetivo das políticas de ação afirmativa é corrigir uma injustiça social, de forma urgente, emergencial e transitória pelo tempo que se mostre necessário, diferenciando os grupos privilegiados dos subalternizados.

Como consequência desse período de avanços no processo de implantação das ações afirmativas nas universidades, começa a surgir uma nova etapa, com duas vertentes de atuação:

1. No âmbito do mercado de trabalho, reivindicando equidade no recrutamento de candidatos a vagas de emprego;
2. No âmbito acadêmico (Carvalho, 2003):

a) na pós-graduação: com cotas para mestrandos e doutorandos – sem entrevista personalizada para garantir a universalidade das provas;

b) na composição étnico-racial dos docentes das universidades: com concursos de caráter verdadeiramente universal;

c) na definição de linhas de pesquisa: financiadas pelos órgãos competentes, CNPq, CAPES etc., com conteúdo explícito dirigido a temas nacionais que contemplem questões de interesse de populações afrodescendentes, indígenas e outros grupos subalternizados, incluindo estes saberes.

Alcance e situação atual

Embora o balanço dos últimos anos tenha se configurado em um quadro alvissareiro, e a reserva de vagas e programas como o ProUni tenham alcançado mais de 300 mil estudantes em 2008, os avanços ainda não alcançam resultados quantitativos de real monta. Com efeito, comparando as taxas de frequência escolar das pessoas entre 18 e 25 anos de idade por grupos raciais e idades simples, pode-se verificar que os pretos e pardos, em 2007, ainda não tinham alcançado o patamar de participação que os brancos apresentavam em 1997 (IBGE, 2008). Por outro lado, a taxa para os estudantes brancos alcança, aos vinte anos de idade, o seu maior valor (24,3%), mais de três vezes maior que a taxa dos pretos e pardos nessa mesma idade (8%). Em virtude de o patamar de partida destes últimos ser tão baixo em 1997, o aumento relativo nesse período de dez anos foi, contudo, um pouco melhor para a população preta e parda do que para a branca.

Mas, em termos relativos, os 300 mil estudantes beneficiados apenas representam menos de 6% dos mais de 5,5 milhões de estudantes universitários.

GRÁFICO 1

TAXA DE FREQUÊNCIA NO NÍVEL SUPERIOR DAS PESSOAS DE 18 A 25 ANOS DE IDADE, POR COR OU RAÇA, BRASIL – 1997/2007

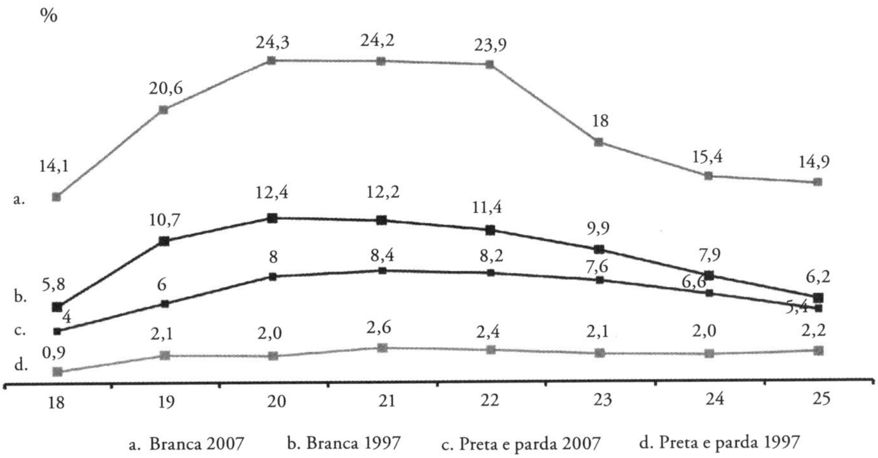

Fonte: IBGE, Pesquisa Nacional por Amostra de Domicílios 2007: Síntese de Indicadores Sociais 2008.

Entretanto, se a população entre 18 e 25 anos de idade conta com menos de 13% cursando o nível universitário de ensino, a taxa para a população branca é de quase 20% e de apenas 6,8% para a população preta e parda.

Esse pequeno avanço significou, contudo, um forte impacto simbólico. Um pequeno passo de um longo caminho já foi percorrido, mas ainda falta muito a conquistar.

Referências bibliográficas

BOURDIEU, P. L'identité et la representation. *Actes de la Recherche en Sciences Sociales*, n. 35, p. 63-72, 1980.

CARVALHO, J. J. de. Ações afirmativas para negros na pós-graduação, nas bolsas de pesquisa e nos concursos para professores universitários como resposta ao racismo acadêmico. In: SILVA, P. G. e; SILVÉRIO, V. R. (orgs.). *Educação e ações afirmativas. Entre a injustiça simbólica e a injustiça econômica*. Brasília: INEP, 2003.

COSTA, S. O branco como meta: apontamentos sobre a difusão do racismo científico no Brasil pós-escravocrata. *Estudos Afro-asiáticos*, ano 28, n. 1, 2 e 3, jan.-dez. 2006.

GOULD, S.-J. *La mal-mesure de l'homme*. Paris: Ramsay, 1983.

IBGE. Síntese de indicadores sociais. Uma análise das condições de vida. *Estudos & Pesquisas*, n. 23. Rio de Janeiro: 2008.

PENA, S. D. J.; BORTOLINI, M. C. Pode a genética definir quem deve se beneficiar das cotas universitárias e demais ações afirmativas? *Estudos Avançados*, dossiê *O negro no Brasil*, v. 18, n. 50, jan.-abr. 2004.

PETRUCCELLI, J. L. *A cor denominada*: estudo das classificações raciais. Rio de Janeiro: DP&A, 2007. Coleção Políticas da Cor.

SCHWARTZMAN, S. Fora de foco: diversidade e identidades étnicas no Brasil. *Novos Estudos*, São Paulo: Cebrap, n. 55, p. 83-96, 1999.

SILVA, N. do V. Distância social e casamento inter-racial no Brasil. In: SILVA, N. do V.; HASENBALG, C. A. *Relações raciais no Brasil contemporâneo*. Rio de Janeiro: Rio Fundo, 1992.

SIMON, P. The measurement of racial discrimination: the policy use of statistics. *International Social Science Journal*, Blackwell Publishing & Unesco, 2005.

APRENDENDO COM O DEBATE PÚBLICO SOBRE AÇÃO AFIRMATIVA, OU COMO ARGUMENTOS RUINS PODEM TORNAR-SE BONS TÓPICOS DE PESQUISA

João Feres Júnior[1]

O objetivo maior deste artigo é mostrar como o debate sobre ação afirmativa na mídia pode ser usado como fonte de pesquisa. Mais especificamente, pretendo mostrar como os argumentos contrários à implantação de políticas de ação afirmativa em nosso país, que abundam nos textos da grande mídia, podem ser usados para formular questões de pesquisa acadêmica. Para tal, procederei da seguinte maneira: primeiro, identificarei os principais argumentos contrários às políticas encontrados em uma amostra representativa de textos publicados na grande mídia; segundo, classificarei esses argumentos conforme sua frequência de ocorrência na amostra; e, por fim, mostrarei como algumas propostas concretas de pesquisa podem ser imaginadas com a finalidade de testar a adequação de alguns argumentos, enquanto outros podem ser submetidos a outras variedades de reflexão acadêmica.

Muito se tem escrito e discutido sobre o tema da ação afirmativa na sociedade brasileira desde que políticas dessa natureza para o ingresso de estudantes no ensino superior começaram a ser implantadas a partir de 2002. O processo de discussão pública de políticas é fundamental para a saúde de nossa democracia, por mais que os meios de comunicação por vezes sejam tendenciosos na sua representação e apresentação de diferentes opiniões em um dado debate, como, por exemplo, as políticas sociais do governo Lula,

1. Instituto Universitário de Pesquisas do Rio de Janeiro – Iuperj.

a integração regional da América do Sul, ou as políticas de ação afirmativa. A mídia tem um papel fundamental em sociedades de massa como a nossa, que é o da circulação de informações factuais e opiniões, nem sempre claramente distintas, e sem ela seria impossível ou improvável que tivéssemos uma visão de mundo complexa e em constante atualização. Sequer saberíamos a respeito de fatos "remotos", como a Guerra no Iraque, eleições no Congo, ou mesmo a aprovação de uma medida provisória, a não ser de maneira fragmentária e retardada. Em suma, sem meios de comunicação a distância seríamos incapazes de formar opiniões sobre os valores e as práticas que regulam nossa vida coletiva e as instituições políticas em sociedades de massa complexas. Como conclui Habermas (1989, 1996), a própria legitimidade dessas instituições depende do fluxo razoavelmente desimpedido de informações, e esse fluxo se faz pelos meios de comunicação de massa: com o perdão da redundância, a grande mídia.

Mas o conjunto de opiniões expressas na mídia não deve ser tomado, sem ressalvas e qualificações, como a opinião pública, ainda que alguns autores e publicistas o façam. Isso porque, em uma concepção democrática, o valor do "público" é muito grande para ser monopolizado pelo poder discricionário de empresas de comunicação, ainda que de fato os meios de comunicação tenham grande poder de *agenda setting* e de conformar (*frame*) os vários assuntos dessa agenda (Berger & Luckmann, 1990; Gitlin, 2003). Em outras palavras, devemos assumir que opiniões públicas se formam sobre determinados assuntos e são muitas vezes diferentes ou mesmo contrárias àquelas expressas pelos meios de comunicação. O caso das Diretas Já e da Rede Globo é lapidar, só para citar um exemplo muito relevante para nossa história democrática recente.

No caso da ação afirmativa, algo similar acontece, pois, ainda que pareça haver uma super-representação de textos contrários nos meios de comunicação, as poucas pesquisas de opinião pública sobre o tema mostram sua aceitação por parcela expressiva da população.[2] Talvez, mais importan-

2. Uma pesquisa nacional conduzida pelo Datafolha em 2006, nos dias 17 e 18 de julho, quando foram entrevistadas 6.264 pessoas, revelou um índice de aprovação de 65% para as cotas raciais e de 87% para as cotas em universidades para estudantes de baixa renda. A pesquisa também revelou que a maior parte dos defensores das cotas raciais pertence às camadas mais pobres e menos educadas da população, mas que o apoio é igual entre negros e brancos (UOL, 2006).

te ainda do que a opinião pública é constatar que, a despeito do debate público acalorado – que tem ocorrido em ondas, normalmente seguindo notícias novas, como a criação de reserva de cotas em instituições de educação superior de prestígio, a publicação de novos dados e de análises referentes ao acesso, ao desempenho e ao perfil dos estudantes na educação superior, manifestos contra e a favor das políticas de ação afirmativa assinados por celebridades, acadêmicos e militantes, livros de divulgação bombásticos contendo previsões apocalípticas com respeito às consequências que as "cotas" terão para o futuro da sociedade brasileira –, em poucos anos os programas de ação afirmativa se espalharam por todo o território brasileiro. Uma pesquisa recente realizada pelo Grupo de Estudos Multidisciplinares da Ação Afirmativa (Gemaa) identificou 57 Instituições Públicas de Educação Superior (IPES), de um total de 90, com algum tipo de programa de ação afirmativa em funcionamento.[3] Se adicionarmos a essa informação o fato de que as primeiras políticas dessa natureza para a admissão de candidatos no ensino superior foram criadas em 2002, poderemos constatar um crescimento realmente vertiginoso desse tipo de iniciativa.

O presente texto tem por objeto o debate da maneira como a questão aparece na mídia. Mais especificamente, apresento aqui resultados de um estudo piloto do debate midiático que teve por objetivo fornecer subsídios e balizar um projeto bem amplo de estudo de todos os textos sobre ação afirmativa publicados nos órgãos de mídia impressa de maior circulação no Brasil. Já está em processo de análise o material dos jornais *Folha de S. Paulo* e *O Globo*, os dois jornais de maior tiragem, e de *Veja* e *Isto É*, as revistas semanais líderes de venda no território nacional.

O estudo piloto tomou como objeto os textos compilados no livro *Divisões perigosas: políticas raciais no Brasil contemporâneo* (Fry et al., 2007). Esse livro foi escolhido como representante dos argumentos contra ações afirmativas no debate público brasileiro. Tal escolha se fundamenta em diversas razões. Primeira, o livro contém uma variedade de artigos publicados sobre o tema ao longo dos anos. Segunda, entre os autores dos artigos estão acadêmicos que têm sido muito ativos na oposição pública às políticas de ação afirmativa desde sua criação. Terceira, alguns dos editores do livro lide-

3. Para um levantamento mais completo, ver Feres Júnior (2009).

raram uma campanha contra a ação afirmativa que resultou na apresentação de um manifesto denominado *Carta pública ao Congresso Nacional: todos têm direitos iguais na República Democrática* ao presidente do Congresso, e de um segundo manifesto, chamado *Cento e treze cidadãos anti-racistas contra as leis raciais*, para o presidente da Suprema Corte brasileira – o primeiro com a finalidade de barrar a aprovação de projetos de lei federal que criam programas de ação afirmativa, e o segundo visando a convencer os juízes do Supremo Tribunal Federal a declararem a inconstitucionalidade de tais políticas. Isto é, o livro contém um conjunto de textos contra a ação afirmativa selecionado pelas mesmas pessoas que conduzem um movimento político contra ela na sociedade brasileira. É um documento que representa esse movimento a partir de uma seleção consciente de textos feita por figuras representativas do próprio movimento.

O fato de que todos os textos que aparecem no livro, com exceção das introduções e prefácios, foram publicados anteriormente em órgãos de mídia de grande circulação indica que essas opiniões têm visibilidade pública, pelo menos para a audiência desses meios de comunicação – sabe-se que o consumo de informações geradas pelos meios de comunicação de massa no Brasil varia muito de acordo com o nível de renda da população. Mas o estudo piloto é, por seu próprio desenho e natureza, incapaz de estabelecer o quanto os argumentos apresentados no livro são representativos da cobertura da ação afirmativa feita pela grande mídia. Portanto, vou me limitar aqui a identificar os argumentos presentes na amostra e determinar sua frequência nela. Essas tarefas serão suficientes para o propósito principal deste texto, que é o de usar esse material como base para a concepção de pesquisa acadêmica sobre políticas de ação afirmativa. Selecionarei os 12 argumentos mais frequentes na amostra, por três razões: primeiro, porque são obviamente os mais significativos; segundo, porque o uso dos 26 argumentos identificados tornaria o texto muito longo, inadequado para as dimensões de um capítulo de livro; e terceiro, porque eles cobrem um espectro temático amplo que também dá conta de aspectos de alguns argumentos menos representativos deixados de fora.

Divisões perigosas é um livro interessante, como objeto de estudo, e incomum. Seus autores são todos acadêmicos, com poucas exceções. Contudo, os textos que ele traz não são de natureza acadêmica, e sim polêmica, ou seja, textos opinativos curtos, escritos para a mídia. O livro é composto por cinquenta entradas: 46 artigos, um prefácio, um preâmbulo e uma apresentação, mais o texto integral da *Carta pública ao Congresso Nacional*. Tal estrutura torna a leitura do livro fácil: é possível começar e terminar de ler um artigo em questão de minutos. Contudo, também o faz ser muito repetitivo, já que os mesmos argumentos aparecem muitas vezes ao longo dos artigos.

O quadro a seguir expõe os argumentos contra a ação afirmativa que constam nos textos que compõem o livro, organizados em ordem decrescente da frequência de sua aparição. De acordo com esses argumentos, a ação afirmativa gera ou está relacionada aos seguintes problemas:

Posição	Argumento	Frequência	Porcentagem
1	Racialização da sociedade brasileira/ Reificação de uma construção social (raça)	33	66%
2	Violação da igualdade legal; do universalismo legal / discriminação invertida	22	44%
3	Imposição de um sistema de identidade binário	21	42%
4	Intervenção estatal nas relações sociais	20	40%
5	Criação ou aumento do conflito racial/ promoção da intolerância racial dos negros contra brancos e pardos	18	36%
6	Importação de categorias raciais dos Estados Unidos	17	34%
7	Não é possível separar as pessoas com base na raça no Brasil	15	30%
8	Crise da identidade nacional brasileira	13	26%
9	Privilégio da classe média negra	12	24%
10	Exclusão do branco pobre	11	22%
11	Estigmatização e vitimização dos negros	10	20%

12	Interesses eleitorais e políticos de seus patronos: políticos e líderes de movimentos sociais	10	20%
13	Cor da pele e pobreza são variáveis não relacionadas / a pobreza dos pretos e dos pardos não se deve ao racismo, mas a suas posições iniciais desprivilegiadas ou à educação deficiente que eles receberam	10	20%
14	É ineficiente no combate à desigualdade	9	18%
15	Rompe com a tradição brasileira de republicanismo	7	14%
16	A ênfase nos pretos aumenta a marginalização dos pardos e outros grupos organizados / genocídio estatístico desses grupos	7	14%
17	É prejudicial para o mérito	5	10%
18	Política neoliberal / um instrumento capitalista para manter o *status quo* e dividir as classes mais baixas	3	6%
19	Diminuição da qualidade da educação	2	4%
20	Racismo oculto é melhor do que formas explícitas	2	4%
21	Tende a se perpetuar	1	2%

Fonte: GEMAA (Grupo de Estudos Multidisciplinares da Ação Afirmativa).

Conforme o quadro demonstra, os argumentos empregados no livro são variados e apontam para uma ampla gama de questões. Seguindo nosso esforço de sistematização da argumentação pública sobre o tema, é importante notar desde já uma distinção que pode ser feita entre duas categorias de argumentos: descritivos e normativos. Os argumentos descritivos, como o próprio nome indica, têm a aparência de simplesmente descrever um fato, enquanto os normativos passam julgamento sobre as escolhas que fazemos, enunciam um "dever ser" que muitas vezes, mas não necessariamente, se coloca para além dos fatos ou como força própria de criação e invenção de novos fatos. A ressalva feita pelo uso do termo "aparência" no período anterior não tem finalidade puramente retórica. Argumentos descritivos podem assumir caráter normativo de duas maneiras básicas. Primeiro, de maneira implícita e coordenada a outros argumentos. Por exemplo, o argumento de que a ação afirmativa opera a importação de um padrão binário de divisão racial não somente descreve um processo de recepção cultural de um valor "estrangeiro", mas também implicitamente sugere que tal importação e tal padrão são males; correspondem a más escolhas. Como nossa base de dados compõe-se exclusivamente de textos contrários às "cotas raciais", a imensa maioria dos argumentos descritivos que aí ocorrem tem essa função normativa auxiliar. Contudo, esse caráter normativo de argumentos aparentemente descritivos se revela mais nítido quando interpretamos o argumento dentro do contexto do fluxo argumentativo de cada artigo, o que faz sua detecção muito difícil quando os argumentos são tomados de modo isolado, como no presente esforço. Em suma, somente uma metodologia diferente, que focasse a construção retórica de cada texto, seria capaz de explorar a normatividade implícita em argumentos *prima facie* descritivos, tarefa que deixo para uma futura oportunidade.

A segunda maneira com a qual argumentos descritivos assumem caráter normativo tem a ver com a temporalidade. Explico melhor. Como dito, tais argumentos se prestam à descrição de fatos. Como o próprio vocábulo português indica, fato é derivado do latim *factum*, que por seu turno é o particípio passado neutro do verbo *facere*: fazer. Um fato é literalmente aquilo que já é; que já foi feito, ou seja, é o produto no presente de uma ação passada. Mas se examinamos os textos e manifestos contrários à ação afirmativa, constatamos que as afirmações de fato, os argumentos descritivos neles contidos, são muitas vezes fraseados com verbos no futuro: "as cotas irão...", "o conflito racial se espalhará..." etc. Isto é, não afirmam o que já é, mas o que vai ser. A normatividade dessas formulações se insere exatamente nesse fosso entre o ser e o "vai ser".[4] Isso porque, ao afirmarmos repetidamente algo que supostamente "vai ser", ao fazermos previsões categóricas, contribuímos ou para a realização de fato da coisa – o caso típico das profecias autorrealizáveis

4. Evito aqui a expressão "dever ser", pois o verbo dever nela tem um significado eminentemente moral, ou seja, relativo às escolhas corretas, justas. No caso em questão, trata-se exatamente do contrário, de afirmar um futuro que não deve acontecer.

–, ou para a supressão da coisa que pode causar tais consequências, que é o caso em questão: os argumentos descritivos contrários à ação afirmativa têm por objetivo proscrever tais políticas por meio da afirmação categórica de fatos futuros que seriam consequências catastróficas supostamente acarretadas por elas. Em suma, ao projetar cenários futuros, a linguagem descritiva assume caráter normativo, moral, pois ela se propõe guiar nossas escolhas. Aqui nos aproximamos muito da noção de ideologia da maneira como a define Reinhart Koselleck, que, diferente do conceito marxista vulgarizado de discurso como turvação da realidade, tem o sentido de discurso que projeta uma realidade futura que ainda não existe.

Argumentos normativos, por seu turno, também não se dão de maneira pura. Em outras palavras, eles não raro vêm misturados a premissas factuais, frequentemente nada explícitas em sua formulação. Por exemplo, o argumento de que a sociedade brasileira que almejamos é uma sociedade na qual raça não tem qualquer papel, claramente normativo, pois propõe um modelo de sociedade a se perseguir, geralmente vem junto com a premissa factual mais ou menos explícita de que a atual sociedade brasileira já está caminhando para essa direção (sem as cotas, é claro); ou ainda de que historicamente a sociedade brasileira tem caminhado nessa direção, seja pela brandura de sua escravidão, pela mistura e tolerância raciais ou pela incerteza, instabilidade e flexibilidade de nossas identidades raciais – todas essas afirmações abertas a refutação por meio da interpretação de dados empíricos.

Uma vez feitas essas ressalvas, vamos aos 12 argumentos substantivos mais frequentes no livro e aos possíveis projetos de pesquisa que podem ser pensados a partir deles.

Racialização da sociedade brasileira / reificação de uma construção social (raça)

Aqui temos, na verdade, dois argumentos que podem ser tratados separadamente ou em conjunto. Ambos pertencem à interface entre sociologia e antropologia. De fato, existe uma relação de quantidade entre os argumentos, pois a reificação da identidade racial individual e de grupo supostamente redundaria na racialização de toda a sociedade. Mas vamos tratá-las separadamente.

A racialização da sociedade brasileira é um argumento de natureza descritiva e, portanto, aberto à confirmação ou refutação empírica. Para testá-lo, podemos proceder da seguinte maneira:

– Analisar comparativamente a série temporal de dados sobre identidade de cor e etnia produzida pelos institutos de pesquisa estatística, principalmente pelo IBGE. É claro que, dado o aparecimento recente dos programas de ação afirmativa, os dados do censo, realizado em intervalos de dez anos, não poderiam ser utilizados. Portanto, somente pesquisas amostrais seriam úteis nesse caso. Ademais, os dados produzidos por tais pesquisas serviriam somente para refutar o argumento da racialização, e não prová-lo, pois se alguma tendência nos dados pudesse ser interpretada como racialização (grande aumento de pretos e redução de pardos, por exemplo), seria impossível mostrar somente com esse tipo de trabalho que tal tendência era produto das "cotas". Contudo, se nenhuma mudança significativa ocorre, então é porque provavelmente as "cotas" não têm o poder transformativo da identidade racial de grupos que lhes é muitas vezes reputado.

A reificação da identidade racial também pode ser submetida a confirmação empírica:

– Fazer um *survey* em universidades onde há programas de ação afirmativa, com a finalidade de avaliar a identidade racial de estudantes beneficiários e não beneficiários. As questões a serem respondidas por essa pesquisa são: será que os dois grupos constroem diferentemente suas identidades raciais? Seriam as percepções raciais, auto e hétero, mais importantes na formação da identidade dos beneficiários do que na do outro grupo? Nesse desenho de pesquisa, o grupo não beneficiário funcionaria como controle, mas esse é um controle muito imperfeito, pois sempre podemos supor que, se houve racialização, ela pode ter atingido os dois grupos e se manifestado de maneira diferente em cada um. A solução ideal, nesse caso, seria comparar a mesma universidade ou grupo de universidades em dois momentos: um quando não havia ação afirmativa e outro com ação afirmativa. Como isso é, infelizmente, quase impossível, uma alternativa seria incorporar na pesquisa casos de universidades sem programas de ação afirmativa. Não é possível a partir dos resultados dessa pesquisa concluir que houve racialização da sociedade brasileira, mesmo se houver sinais fortes de racialização entre universitários, pela simples razão de que a sociedade é muito maior e mais complexa do que o meio universitário. Mas é possível mostrar, caso não haja sinais claros de racialização, que a ação afirmativa não tem o poder de promovê-la da maneira como seus detratores imaginam.

– Ainda no tocante à hipótese da reificação, seria importante replicar a pesquisa descrita anteriormente em universidades com programas de ação afirmativa que utilizam diferentes critérios de entrada. No quadro a seguir temos um levantamento que mostra essa variedade.

Categoria	Nº de universidades	Percentual
Candidatos negros	14	45,20%
Candidatos negros (pretos ou pardos)	6	19,40%
Candidatos pretos ou pardos	4	12,90%
Candidatos de "raça negra" (pretos e pardos)	2	6,50%
Candidatos afrodescendentes	2	6,50%
Candidatos afro-brasileiros (pretos ou pardos)	2	6,50%
Candidatos negros (do "grupo étnico negro")	1	3,20%
Total	31	100,00%

Fonte: GEEMAA (Grupo de Estudos Multidisciplinares da Ação Afirmativa).

Muitos programas operam com a categoria "negro" ou com variantes dela, como "afrodescendente" ou "afro-brasileiro"; outros, com as categorias do IBGE, "pretos" e "pardos"; e outros ainda, usando "negro" e definindo-o no mesmo texto do edital como "pretos e pardos". Também seria importante incluir na comparação, se possível, universidades que trabalham com a autoidentificação dos beneficiários e aquelas que usam comissões julgadoras e outros procedimentos, como análise de fotos, para estabelecer pertencimento étnico-racial. As questões a serem respondidas são: será que critérios diferentes contribuem para a seleção de beneficiários com perfil identitário diferente? Será que critérios distintos interferem diferentemente na formação identitária do beneficiário depois de sua inclusão no ensino superior? Há diferenças significativas em relação à identidade racial dos beneficiários entre universidades que optam por autodefinição e aquelas que escolheram outros procedimentos? Todas essas questões só podem ser respondidas por meio da comparação com grupos de controle; caso contrário fica difícil sustentar o conhecimento produzido.

Violação da igualdade legal; do universalismo legal / discriminação invertida

Esse argumento pode ser abordado por várias disciplinas, entre elas a teoria política e a teoria do Direito. Aqui, não temos propriamente a possibilidade de confirmação empírica, mas, sim, trata-se de uma questão que pode ser examinada de maneira técnica, mas que vem sempre revestida de aspectos normativos. De um ponto de vista estritamente técnico, a ação afirmativa de fato viola a igualdade legal, se esta é entendida estritamente como igualdade universal na letra da lei, ou seja, os direitos e deveres estabelecidos pelas leis são formalmente declarados no *corpus* legal como igualmente partilhados por todos. Em outras palavras, ela é, sim, um tipo de discriminação. Portanto, os aspectos mais produtivos desse argumento, do ponto de vista da produção acadêmica, são de natureza teórica e normativa. A seguir vão algumas sugestões de como eles podem ser estudados:

– Podemos questionar qual é de fato o significado da igualdade formal. Se tomarmos uma perspectiva histórica, veremos que ela nem sempre existiu. Então, cabe perguntar: por que foi criada? Podemos também adicionar as seguintes questões relacionadas: qual tem sido sua função na história do Direito e dos povos? A que grupos ou classes sociais ela tem servido? Qual sua relação com o valor cristão secularizado da igualdade? Qual sua relação com a igualdade material ou substantiva – ela a promove, impede ou lhe é indiferente? Podemos também perguntar pela finalidade geral das leis no tocante à igualdade. Aqui, entramos em um terreno amplamente normativo, pois o que está em questão é a relação, nem sempre sinergética, entre liberdade e igualdade. As questões, então, seriam: deveriam as leis dar prioridade à liberdade e assim restringir o uso da igualdade somente à garantia da distribuição formal de liberdades (direitos), ou elas deveriam ir além e promover a igualdade de fato entre as pessoas? Até que ponto e segundo quais critérios as desigualdades são moralmente justificáveis?

– Perguntas de natureza normativa também podem ser dirigidas à questão da discriminação. A mais óbvia é: seria a discriminação invertida a mesma coisa que a discriminação pura e simples? Ou, em outras palavras, do ponto de vista moral devemos tratar como a mesma coisa a discriminação que promove o bem de seu objeto e aquela que tem por finalidade sua ruína e opressão?

– Questões muito interessantes podem ser formuladas na seara da teoria e da ciência política. Qual ideologia tem como bandeira a defesa da igualdade formal contra tentativas de promoção da igualdade substantiva por meio das leis? Que formas de Estado e de instituições sociais são mais congruentes com essa defesa radical do formalismo legal? Instituições típicas das sociedades contemporâneas de bem-estar social, como o seguro-desemprego, licença-maternidade, programas sociais, aposentadoria etc., se relacionam com essa ideologia? Poderiam tais instituições ser justificadas por ela, ou teriam de ser radicalmente reformadas ou mesmo eliminadas? A mesma questão se aplica às instituições públicas devotadas à promoção do desenvolvimento agrário e industrial, como o BNDES, em nosso país. Seriam elas congruentes com a defesa exclusiva da igualdade formal?

– Voltando a uma perspectiva menos normativa e mais técnica, também pode ser feito um estudo histórico mostrando como a igualdade formal perante a lei, desde sua criação no final do século XVIII, tem convivido com instituições sociais que promovem discriminação, positiva ou negativa. Já houve alguma vez na história da humanidade um Estado puramente liberal, como esse proposto pela ideologia do formalismo legal? Que tipo de Estado seria esse? Por fim, é possível pesquisar também a coexistência entre igualdade formal perante a lei e instituições que promovem discriminação negativa, como a constituição dos Estados Unidos no período escravagista, ou o uso de cotas de imigração no Brasil no final do século XIX e primeira metade do século XX.

No caso presente, as pesquisas sugeridas teriam como finalidade não somente explorar as consequências normativas da posição que acusa a ação afirmativa de violar a igualdade legal, como também colocar sob suspeição a coerência dessa demanda.

Imposição de um sistema de identidade binário

Aqui, temos um argumento eminentemente descritivo, que pode ser facilmente testado de forma empírica: uma análise quantitativa das categorias usadas em todos os programas de ação afirmativa no país seria suficiente.

Mas há uma pesquisa bem mais interessante, que poderia dar uma perspectiva diferente ao presente argumento. Inúmeros trabalhos acadêmicos que lidam com dados demográficos nacionais mostram que em nosso país há um fosso entre o perfil socioeconômico e educacional médio de brancos e de não brancos, entendidos como pretos e pardos (Hasenbalg, 1992; Hasenbalg & Silva, 1988; Hasenbalg, 1979; Hasenbalg, Silva & Lima, 1999; Silva, 1978, 1981, 1983). Em outras palavras, o perfil médio de pretos e pardos é muito próximo um do outro e muito inferior ao dos brancos. É razoável supor que esse padrão binário de desigualdade é produzido e reproduzido pelas relações sociais em nosso país, e que essas relações têm a ver, entre outras coisas, com atos de auto e heteroidentificação. Devemos colocar, então, a seguinte questão: seria possível interpretar as categorias raciais nativas de acordo com um sistema binário? Para fazermos isso, devemos investigar não somente a construção social e discursiva da negritude ou de identidades mestiças, mas também da branquidade. Um estudo mais aprofundado do "ser branco" no Brasil pode lançar luz ao paradoxo de uma identidade que se "imagina misturada", como dizem alguns detratores das cotas, ou que se apresenta como infinitamente gradativa, segundo outros intérpretes, combinada a um padrão de desigualdade marcadamente binário.

Intervenção estatal nas relações sociais

O presente argumento é muito próximo àquele que acusa a ação afirmativa de violar a igualdade legal. É fortemente normativo, pois parte da premissa de que a não intervenção do Estado nas relações sociais é, em si, um bem. Nesse caso, também temos um tema afeto à teoria e à ciência política, mas com claras implicações para o Direito também. As reflexões que podem ser elaboradas a partir desse argumento dependem da maneira como ele é interpretado, em um sentido mais geral ou mais restrito. Ainda que o argumento seja apresentado no livro quase sempre no sentido mais geral, como uma condenação ao princípio da intervenção estatal nas relações sociais, não nos fará mal estender nossa reflexão para a segunda interpretação.

– Podemos começar por perguntar qual ideologia e qual modelo de Estado corresponderiam ao princípio da não intervenção estatal nas relações sociais. Existe também uma pergunta filosófica que deve ser feita: seria possível conceber um Estado que não interfira em relações sociais? Daí, podemos comparar diferentes modelos de Estado e níveis de intervenção em relações sociais. Seria o Estado mínimo, como aquele defendido por Hayek ou Nozick, completamente isento de interferência? Quais seriam as possíveis consequências de um Estado que não interfere nas relações sociais para os diferentes tipos de desigualdades: econômica (de classe), racial, regional, de oportunidades etc.? Que tipo de intervenção nas relações sociais é tolerado pelos modelos de justiça e de democracia liberal de autores como Rawls (1971), Habermas (1996), Dworkin (1985, 1986) e Barry (2001, 2005), comunitaristas, como Sandel (1982) e Walzer (1983), multiculturalistas, como Kymlicka (1995, 2007) e Young (1990) etc.?

– Tomando agora o sentido estrito, que seria o de que somente a intervenção estatal que tenha por objeto desigualdades raciais deve ser deplorada, podemos formular as seguintes questões de pesquisa, entre outras: quais são as consequências concretas das políticas de ação afirmativa, entendidas como intervenções estatais em relações sociais, no que toca às oportunidades abertas para grupos de beneficiários e não beneficiários? Quem ganha e quem perde com tais políticas?

– Por fim, podemos também estudar outros tipos de intervenção estatal em relações sociais, como políticas preferenciais para deficientes, mulheres, crianças, assistência social em geral, e também outras políticas de intervenção, como a repressão à agressão marital, infantil e de idosos, aos motoristas alcoolizados etc. A ideia aqui seria mostrar outras variantes de intervenção estatal nas relações sociais, ou seja, outras variantes de ação afirmativa, e comparar seus prós e contras. Entre outras coisas, podemos avaliar se essas políticas provocam a reificação das categorias beneficiadas e/ou sua estigmatização.

Criação ou aumento do conflito racial / promoção da intolerância racial dos negros contra brancos e pardos

Esses dois argumentos são plenamente aptos a serem submetidos a testes empíricos.

– Primeiro, no que diz respeito à criação ou aumento do conflito, poderíamos conceber, por exemplo, um indicador de conflito racial, composto de variáveis como desigualdade socioeconômica, segregação espacial, proporções entre brancos e não brancos de pessoas assassinadas, de vítimas de violência física, de pessoas hospitalizadas devido a ação violenta de terceiros, de vítimas da violência policial etc. Tal indicador poderia ser usado para comparar diferentes países, estados ou mesmo cidades, dependendo da disponibilidade de dados. Ainda que algumas dessas variáveis não expressem diretamente conflito ou violência, podemos argumentar que situações extremas de desigualdade e segregação denotam conflito, ou são formas de violência material e simbólica.

– Outra maneira de investigar essa questão seria fazer uma pesquisa detalhada das notícias sobre conflitos que tenham alguma possível motivação racial publicadas na grande mídia escrita desde a implantação das primeiras políticas de ação afirmativa em 2003. Para podermos controlar melhor nossos resultados, devemos estender a investigação para trás, incluindo anos em que ainda não havia "cotas", e então comparar um período com o outro. Dependendo do resultado da pesquisa, podemos tomar como falso o argumento. Pois se, *coeteris paribus*, o conflito racial reportado não aumentou, então as políticas de ação afirmativa, que já estão em funcionamento desde 2003, não teriam a suposta capacidade de aumentar o conflito racial na sociedade brasileira. É claro que no caso desse desenho temos de enfrentar a crítica de que notícias de jornal são um *proxy* ruim para quase qualquer objeto. Contudo, dado que a grande mídia tem tão decididamente militado contra a ação afirmativa, seria razoável supor que notícias sobre conflito racial seriam fartamente noticiadas se algum conflito de fato tivesse ocorrido. Se o resultado for um notável aumento das notícias sobre conflito racial, não seria possível atribuí-lo à ação afirmativa, contudo, pois não há maneira de saber que esta teria sido a causa do aumento, a não ser que os conflitos noticiados tenham sido explicitamente produto do processo de aplicação ou discussão dessa política.

Em relação à promoção da intolerância de negros contra brancos e pardos, alguns desenhos alternativos podem ser pensados. Como a tolerância é geralmente uma atitude individual ou de grupo, devemos tentar estabelecer, por meio de um *survey*, se existe uma correlação entre a identidade étnica da pessoa (negro ou não negro) e sua atitude em relação a outros grupos, isso de maneira comparada. Ou seja, assim estabeleceríamos se negros são mais intolerantes do que as pessoas que não se identificam assim. Mas, se a pesquisa parasse aí, não teríamos como estabelecer qualquer relação entre intolerância e ação afirmativa. Uma maneira de cotejar essa relação seria incluir no *survey* grupos de negros que têm contato com políticas de ação afirmativa, beneficiários, por exemplo, e grupos que não têm esse contato. Seria também interessante notar se a intolerância em relação aos brancos é diferente daquela que tem por objeto os pardos, se elas existirem, obviamente.

A mesma pesquisa poderia ser feita comparando as percepções raciais dos brancos em relação a outros grupos em contextos com e sem ação afirmativa.

Importação de categorias raciais dos Estados Unidos

Aqui também temos um argumento descritivo, que pode ser testado das seguintes maneiras:

– Estudo da evolução histórica das categorias raciais no Brasil, acompanhado de um estudo das categorias usadas nos programas de ação afirmativa. Com essas informações em mãos, poderemos avaliar melhor se as categorias usadas nas políticas fazem parte do campo semântico das categorias raciais nacionais, ou se são estranhas a ele.

– O estudo anterior poderia ser complementado por uma análise das categorias raciais nos Estados Unidos, pois esse procedimento ajudaria a reconhecer a "origem" das eventuais categorias "estranhas", caso elas fossem encontradas na pesquisa anterior.

Não é possível separar as pessoas com base na raça no Brasil

Nesse caso, temos também uma afirmação descritiva que pode ser testada:

– Dada a razoável abundância de trabalhos de antropologia e sociologia sobre discriminação racial e racismo no Brasil, é possível examinar essa hipótese simplesmente por meio de uma revisão bibliográfica.

– Outra alternativa seria fazer um experimento no qual pudessem ser comparadas a autoidentificação racial do participante com a identidade que outros participantes lhe atribuem. A psicologia social, principalmente nos Estados Unidos, produziu vários trabalhos dessa natureza (Abrams, Christian & Gordon, 2007; Brigham & Weissbach, 1972; Fuligni, 2007; Lima & Pereira, 2004; Nelson, 2009; Parks, Jones & Cardi, 2008). A consulta dessas fontes é muito útil para ajudar-nos a desenhar pesquisas factíveis e que produzam resultados significativos.

Crise da identidade nacional brasileira

Aqui temos um argumento que pode ser lido de maneira normativa, mas com o qual podemos também fazer alguns estudos empíricos interessantes:

– Para começar, o argumento assume que existe algo como uma identidade brasileira razoavelmente estável e conhecida por grande parte da população. Portanto, é possível fazer um *survey* para examinar se essa identidade de fato existe, qual seu conteúdo semântico e, mais especificamente, qual o papel da raça em sua construção.

– Fica claro pela leitura dos textos do livro, nos quais os argumentos presentes aparecem, que aquilo que se toma como identidade nacional corresponde a uma versão mais ou menos fidedigna da interpretação apresentada por Gilberto Freyre em *Casa-grande & senzala* (Freyre, 1938), *Sobrados e mucambos* (Freyre, 1936) e em outros livros (Freyre, 1940, 1945, 1959), que mais tarde se convencionou chamar de "democracia racial". Podemos, então, especular sobre quais seriam as instituições políticas mais adequadas às relações sociais descritas por Freyre, ou, ainda, se a sociedade descrita por ele poderia corresponder a uma democracia contemporânea, com pluralismo de opiniões, constante conflito político dentro de um quadro institucional estável, sociedade civil organizada etc. A ideia geral aqui seria tentar avaliar se aquilo que se toma por identidade nacional é hoje algo politicamente viável e normativamente progressista.

Privilégio da classe média negra

Esse argumento tem duas interpretações possíveis, uma descritiva e outra normativa. Vejamos possíveis usos delas para gerar investigações:

– A interpretação descritiva pode ser submetida a teste, basta identificarmos a origem de classe dos beneficiários. Mas essa não é tarefa fácil, pois, para tal, é preciso acesso aos dados socioeconômicos das pessoas beneficiadas pelos programas de cotas com critérios étnicos e raciais, e há um problema muito sério que ameaça qualquer debate mais razoável e iluminado sobre programas de ação afirmativa em nosso país: a falta de dados públicos sobre os programas. São poucas as universidades que disponibilizam esses dados, e isso torna a avaliação das políticas praticamente impossível. Ainda que sejam públicas, muitas das universidades que têm programas de ação afirmativa usam a prerrogativa da autonomia universitária para não divulgarem os dados. Na falta de uma base de dados abrangente, é possível focar a pesquisa nas poucas universidades que publicizam seus dados. Ainda que não se possa concluir, a partir desses exemplos, qualquer coisa que se aplique à ação afirmativa em geral, é possível notar se em casos específicos ela promove ou não prioritariamente "negros" que já advenham da classe média. Essa pesquisa também requer que o pesquisador estabeleça um padrão de identificação de classe, o que não é algo simples, mesmo se tomarmos somente a variável renda para determiná-lo. De qualquer forma, uma avaliação da literatura sobre desigualdades sociais é importante para que haja escolha de critérios razoáveis.

– A interpretação normativa desse argumento conduz para a conclusão de que seria ruim a formação de uma classe média negra. Nesse caso, o argumento poderia ser avaliado criticamente por meio de algumas comparações interessantes. Primeiro, podemos levantar a literatura sobre a formação de uma classe média negra nos Estados Unidos e estudar quais as consequências que esse evento trouxe para a sociedade americana em geral. Segundo, podemos identificar a existência de outros grupos de classe média etnicizados no Brasil e em outros países, como judeus ou sírio-libaneses, por exemplo, e avaliar se a existência de tais grupos poderia também ser considerada, segundo o mesmo argumento, como um mal, ou uma ameaça.

Exclusão do branco pobre

Aqui temos outro argumento cuja avaliação sofre muito devido à ausência de dados:

– Supondo que haja dados de algumas universidades, seria possível avaliar a posição de classe daqueles alunos que foram "deslocados" pelo programa de ação afirmativa, ou seja, aqueles que ficaram logo abaixo da nota de corte. Seria interessante estratificar esse estudo em tipos diferentes de carreiras, de acordo com seu *status*, exemplo: carreiras muito concorridas, medianamente concorridas e pouco concorridas. Isso nos daria uma melhor ideia do impacto dos programas sobre as chances de admissão de candidatos brancos pobres.

– Outra maneira de explorar esse tópico seria fazer um estudo da implantação da ação afirmativa em nosso país e examinar o crescimento dos programas para alunos oriundos do ensino público, que é ainda maior do que o dos programas étnico-raciais. Daí, podemos avaliar se é possível separar os dois tipos de programa historicamente ou se eles foram criados em um mesmo movimento de democratização do ensino superior. Se uma abordagem contábil da ação afirmativa contribui para uma avaliação da situação como um jogo de soma zero, em que qualquer negro de classe média admitido é um branco pobre que fica de fora, uma abordagem histórica pode apontar para possíveis sinergias no processo de discussão e implantação dessas políticas.

Estigmatização e vitimização dos negros

Esse argumento também pode ser testado, mas, antes de partirmos para elencar algumas possibilidades investigativas, é necessário aclarar um pouco os conceitos. A estigmatização é uma relação social e como tal pode ser estudada em suas duas pontas: a do agente e a do paciente. Na verdade, os termos "estigmatização" e "vitimização" parecem, aqui, corresponder a cada uma dessas pontas. O primeiro termo representaria a perspectiva do agente, enquanto a vitimização seria a construção de uma identidade maculada por parte daquele que sofre estigmatização.

– Em universidades com programas de ação afirmativa, podemos estudar como os estudantes constroem a imagem do beneficiário da ação afirmativa, o "cotista", por meio de entrevistas semiestruturadas ou mesmo de um *survey*. Seria interessante obter, também, dados que permitissem separar os estudantes conforme sua autoidentificação racial, para notarmos se essa variável afeta a atitude média em relação aos beneficiários.

– Uma vez identificado um grupo de beneficiários, poderíamos estudar, por meio de entrevistas semiestruturadas ou mesmo de *survey*, a construção de sua própria identidade, a importância da ação afirmativa na formação dessa identidade dentro da universidade, o peso que tal elemento tem em suas relações sociais e institucionais dentro da universidade, a representação que eles têm dos estudantes não cotistas, as expectativas que têm para a vida após a universidade etc.

– Com o intuito de controlar os resultados dos dois trabalhos anteriores sugeridos, seria interessante aplicar questões semelhantes a grupos de controle de não brancos e de pobres que não estejam na universidade, para avaliar se a impossibilidade de entrada no ensino superior e a falta de diploma universitário também não constituem fontes de estigma.

Cor da pele e pobreza são variáveis não relacionadas

Esse argumento (1) muitas vezes vem complementado pelas afirmativas de que (2) a pobreza dos pretos e dos pardos não se deve ao racismo, mas a suas posições iniciais desprivilegiadas ou (3) à educação deficiente que receberam. Temos de fato, então, três argumentos, todos eles passíveis de confirmação ou falsificação empírica. É claro que não devemos ser ingênuos a ponto de imaginar que os dados falam por si sós. Por mais convincente que uma base de dados possa parecer, ela sempre precisa ser interpretada na forma de argumentos para fazer sentido. Comecemos pelo primeiro argumento, o de que a cor da pele e a pobreza são variáveis não relacionadas:

– Aqui, podemos proceder de duas maneiras: analisar diretamente os dados socioeconômicos produzidos pelo IBGE, por exemplo, ou o cabedal de trabalhos sobre o tema. O resultado de tal empreitada é tão óbvio, contudo, que ela em si não seria suficiente para produzir uma contribuição acadêmica minimamente original. Todos sabemos que em nosso país cor e desigualdade econômica (pobreza) são correlacionadas, ou seja, que a probabilidade de uma pessoa não branca ser pobre é muito maior do que a probabilidade de um branco sê-lo, ou, inversamente, que a probabilidade de que um branco pertença à classe média ou alta é muito maior do que a de um não branco. Podemos fazer um estudo comparando outros grupos sociais que tiveram posições iniciais desprivilegiadas e avaliar sua atual posição na sociedade brasileira, como imigrantes europeus em geral e mesmo aqueles provenientes do Oriente Médio. A ideia aqui seria controlar as variáveis que constituem o "desprivilégio", a fim de tentar isolar a variável racial, uma vez que, em geral, os imigrantes, com exceção daqueles provenientes do Oriente distante, são percebidos no Brasil como brancos.

– O caso dos descendentes de japoneses, chineses e coreanos em nosso país é interessante, pois de fato há uma percepção racializada desses grupos. Seria interessante estudar, por meio de um *survey*, por exemplo, os estereótipos comumente associados a esses grupos, de modo a compará-los aos estereótipos associados a não brancos e a pessoas de descendência africana. A ideia aqui seria tentar isolar ainda mais a variável racial na produção da desigualdade dos não brancos.

– Quanto ao argumento da educação deficiente, ele já foi testado mostrando que para os mesmos níveis educacionais o sucesso socioeconômico e a probabilidade de ascensão social de brancos e não brancos diferem bastante. Ademais, a probabilidade de manutenção do *status* educacional e socioeconômico é diferente entre os dois grupos, com vantagens marcantes para os brancos. Basta, portanto, fazer uma revisão dessa literatura para podermos ir adiante na avaliação desse argumento.

– Por fim, há uma miríade de trabalhos feitos por antropólogos, sociólogos e educadores mostrando a existência de discriminação racial e de práticas racistas no trabalho, na escola, em interações sociais quotidianas públicas e privadas, em prisões e no tratamento policial dado aos cidadãos brasileiros. Em meio a esses trabalhos, há os que dão especial atenção à expressão do preconceito racial por meio da linguagem, o que constituiria o insulto. Esses trabalhos são particularmente importantes, pois revelam as expectativas morais que grupos sociais projetam sobre os outros e sobre si mesmos, dado que têm tudo a ver com a distribuição de chances e oportunidades em nossa sociedade. Seria suficiente também, aqui, um levantamento dessa literatura para testar a tese (3).

Conclusão

O exame dos argumentos e a identificação de possíveis linhas de investigação que podem ser pensadas a partir deles demonstra o caráter profundamente multidisciplinar da ação afirmativa. Há muitas outras possibilidades que podem ser pensadas a partir dos mesmos argumentos ou mesmo a partir das linhas que já estão aqui propostas. A natureza especulativa do exercício que aqui propus me conduziu para longe de questões de ordem moral e política que dizem respeito às políticas de ação afirmativa e à sua implantação no Brasil. Portanto, tratei cada argumento de maneira a extrair dele as possibilidades mais produtivas da perspectiva da pesquisa acadêmica, furtando-me, ao mesmo tempo, de tecer considerações sobre sua razoabilidade, propriedade do ponto de vista moral e mesmo honestidade intelectual. É claro que, no debate político que hoje se trava em nosso país sobre as políticas de ação afirmativa, essas considerações assumem também extrema importância. Estou convencido, contudo, de que, a despeito das diferenças de opinião e de interesse em relação ao tópico, todos, ou quase todos, ganham com o esclarecimento produzido por seu estudo acadêmico. Quanto mais estudarmos e mais soubermos a respeito dos diferentes assuntos relacionados a essa política, melhor formaremos nossas opiniões e mais corretamente decidiremos se devemos ou não adotá-las e qual seu melhor desenho. O obscurantismo, o "achismo" e a prestidigitação não são opções, ainda mais para aqueles que têm como profissão as ciências.

Isso dito, e exatamente por essa razão, precisamos reconhecer que uma distribuição racional do ônus da prova é não raro assimétrica no tocante a vários desses argumentos. Tomemos o último. Quem deve provar que a pobreza no Brasil é independente da cor da pele: os que negam essa afirmativa apontando para uma miríade de práticas discriminatórias que têm por base percepções raciais e racistas ou aqueles que simplesmente afirmam tal independência como uma "verdade" óbvia, a despeito do cabedal de evidências contrárias? Como levar a sério a hipótese de que a ação afirmativa vai racializar toda a sociedade brasileira, transformá-la em uma "segunda Ruanda" (Magnoli & Maggie, 2009), se seis anos de execução dessas políticas não produziram sequer um incidente violento nas universidades, para não dizer fora delas? Onde estão as evidências? Quem deve oferecê-las? O que dizer do argumento de que não é possível separar as pessoas com base na raça no Brasil? Que tipo de percepção, a partir de que dados, pode-se produzir tal interpretação da sociedade brasileira, tão contrária ao bom senso e ao conhecimento já produzido sobre o assunto?

Como havia prometido na introdução, apresentei neste artigo muito mais perguntas do que respostas: o número de pontos de interrogação no texto é prova inegável disso. Afinal de contas, não é essa a tarefa precípua do acadêmico, do pensador, formular perguntas cada vez melhores? As respostas serão dadas pela ação de homens e mulheres no mundo, criando instituições, reformando as que temos e extinguindo aquelas que não cumprem as finalidades que desejamos. Não podemos esperar que as ciências sociais resolvam primeiro no plano da reflexão todos os problemas colocados pela vida coletiva da espécie humana para só então agirmos sobre eles. As ciências sociais são aliadas importantíssimas da ação que tem por objeto transformar essa vida coletiva, melhorá-la, esclarecendo aspectos antes não examinados, sistematizando o conhecimento e auxiliando na avaliação do resultado da ação. Isto é, a reflexão acadêmica crítica tem de estabelecer com a ação transformadora relações de sincronia e sinergia. Quando essa reflexão se torna meramente reativa, puramente um empecilho a qualquer ação transformadora que faça jus a esse nome, então ela passa a exercer a função de legitimadora do *status quo*. Ainda está para nascer o dia em que, no Brasil, a conservação do *status quo* contribua para o aumento da justiça e do bem-estar geral. E se, um dia, os termos "progressista" e "emancipação" perderem seu sentido, tomara que ele nunca chegue.

Referências bibliográficas

ABRAMS, D.; CHRISTIAN, J.; GORDON, D. *Multidisciplinary handbook of social exclusion research*. Chichester, UK/Hoboken, NJ: John Wiley & Sons, 2007.

BARRY, B. *Culture and equality*: an egalitarian critique of multiculturalism. Cambridge, Mass.: Harvard University Press, 2001.

______. *Why social justice matters*. Cambridge, UK/Malden, MA: Polity, 2005.

BERGER, P. L.; LUCKMANN, T. *The social construction of reality*: a treatise in the sociology of knowledge. Nova York: Anchor Books, 1990.

BRIGHAM, J. C.; WEISSBACH, T. A. *Racial attitudes in America*: analyses and findings of social psychology. Nova York: Harper & Row, 1972.

DWORKIN, R. *A matter of principle*. Cambridge, Mass./Londres: Harvard University Press, 1985.

_____. *Law's empire*. Cambridge, Mass.: Belknap Press, 1986.

FERES JR., J. Ação afirmativa: política pública e opinião. *Sinais Sociais*, v. 3, n. 8, p. 38-77, 2009.

FREYRE, G. *Sobrados e mucambos; decadencia do patriarchado rural no Brasil*. Edição illustrada. São Paulo: Companhia Editora Nacional, 1936.

_____. *Casa-grande & senzala; formação da familia brasileira sob o regimen de economia patriarchal*. 3. ed. Rio de Janeiro: Schmidt, 1938.

_____. *O mundo que o português criou; aspectos das relações sociaes e de cultura do Brasil com Portugal e as colonias portuguesas*. Rio de Janeiro: José Olympio, 1940. v. 28, Coleção Documentos brasileiros.

_____. *Brazil, an interpretation*. Nova York: Knopf, 1945.

_____. *New world in the tropics; the culture of modern Brazil*. [1. ed.]. Nova York: Knopf, 1959.

FRY, P.; MAGGIE, Y.; MAIO, M. C.; MONTEIRO, S.; SANTOS, R. V. (orgs.). *Divisões perigosas*: políticas raciais no Brasil contemporâneo. Rio de Janeiro: Civilização Brasileira, 2007.

FULIGNI, A. J. *Contesting stereotypes and creating identities*: social categories, social identities, and educational participation. Nova York: Russell Sage Foundation, 2007.

GITLIN, T. *The whole world is watching*: mass media in the making & unmaking of the New Left. Berkeley, CA: University of California Press, 2003.

HABERMAS, J. *Between facts and norms*: contributions to a discourse theory of law and democracy. Cambridge: MIT Press, 1996.

_____. *The theory of communicative action*. Boston: Beacon Press, 1989.

HASENBALG, C. A. *Discriminação e desigualdades raciais no Brasil*. Rio de Janeiro: Graal, 1979.

_____. *Relações raciais no Brasil contemporâneo*. Rio de Janeiro: Rio Fundo/Iuperj, 1992.

HASENBALG, C.; SILVA, N. do V. *Estrutura social, mobilidade e raça*. Rio de Janeiro: Iuperj, 1988.

HASENBALG, C. A.; SILVA, N. do V.; LIMA, M. *Cor e estratificação social*. Rio de Janeiro: Contracapa, 1999.

KYMLICKA, W. *Multicultural citizenship*: a liberal theory of minority rights, (Oxford political theory). Oxford: Oxford University Press; Nova York: Clarendon Press, 1995.

_____. *Multicultural odysseys*: navigating the new international politics of diversity. Oxford/Nova York: Oxford University Press, 2007.

LIMA, M. E. O.; PEREIRA, M. E. *Estereótipos, preconceitos e discriminação*: perspectivas teóricas e metodológicas. Salvador: EdUFBA, 2004.

MAGNOLI, D.; MAGGIE, Y. De Nixon a Vicentinho. *O Globo*, 17 set. 2009.

NELSON, T. D. *Handbook of prejudice, stereotyping, and discrimination*. Nova York: Psychology Press, 2009.

PARKS, G.; JONES, S. E.; CARDI, W. J. *Critical race realism*: intersections of psychology, race, and law. Nova York: New Press, 2008.

RAWLS, J. *A theory of justice*. Cambridge, Mass.: Belknap Press of Harvard University Press, 1971.

SANDEL, M. J. *Liberalism and the limits of justice*. Cambridge [Cambridgeshire]/ Nova York: Cambridge University Press, 1982.

SILVA, N. do V. *Black-white income differentials in Brazil, 1960*. Tese (Doutorado em Sociologia) – Universidade de Michigan, Michigan, 1978.

_____. Cor e o processo de realização sócio-econômica. *Dados*, v. 24, n. 3, p. 391-409, 1981.

_____. Updating the cost of not being white in Brazil. In: HASENBALG, C. A. (org.). *Race and socioeconomic inequalities in Brazil*. Rio de Janeiro: Iuperj, 1983.

UOL. Brasileiros apoiam cotas raciais em universidades. Editado por Reuters. São Paulo, 2006.

WALZER, M. *Spheres of justice*: a defense of pluralism and equality. Nova York: Basic Books, 1983.

YOUNG, I. M. *Justice and the politics of difference*. Princeton, N.J.: Princeton University Press, 1990.